숭실과 한국의 근대음악

숭실과 한국의 근대음악

민경찬

뿌리총서 간행사

나무에 뿌리, 물에 샘이라는 것은 우리의 개천절 노래에도, 조선의 용비어천가에도 등장하는 의미 있는 비유입니다. 압축하면 본원(本源)이라 합니다. 만물의 본원을 지극한 단계까지 찾아나서는 행위는 자기 존재를 완전히 하고 역할 수행을 극대화하며 그만큼 의미 있게 살아가기 위한 필수적 작업입니다.

높은 산 등성이에 있는 작은 샘에서 솟아난 맑은 석간수가 바위골짜기를 거쳐 산 아래 도달하고 넓은 농지와 대도시와 중간에 있는 댐과 제방을 경험하며 넓은 바다로 가는 동안 주변에서 이른바 지천이 계속 합류하여 수량은 많아지는데 청정도는 점점 떨어지지만 공업, 농업, 발전, 또는 정수하여 수백만 도시민의 상수원으로 쓸 수 있게 되어 그 용도가 커집니다. 시작은 은미했으나 결과적 쓰임새는 광대합니다. 우리 숭실도 많이 커졌습니다. 처음 시작할 때는 문과 한 반으로 시작했고, 기독교적 사회지도자, 한국 교회의 지도자를 양성하는데 초점을 맞추었지만 이제는 40여개 학과와 학부, 그리고 대학원생을 합하면 17,000여명의 재학생이 있고, 상당한 규모의 건물도 있고 500여 전임 교수진도 있습니다. 그러나 커진 만큼 초기의 맑은 정신이나 숭고하다고 했었던 목적을 그대로 견지하고 있는지 살펴볼 필요가 있습니다.

2013년 가을 우리 숭실대학교에 '뿌리찾기위원회'가 발족하였습니다. 건학120주년 기념사업의 일환으로 평양에서 시작한 숭실대학의 정신, 그 흐름의 모습과 내용, 그리고 서울에서 재건할 때의 과정 등에 대하여 집중적으로 연구하고자 해서입니다. 평양 숭실의 설립자 베어드, 2대 교장 라이너, 3대 교장 마펫, 4대 교장 매큔, 5대 교장 마우리 다섯 분의 교장을 연구하여 평전을 짓고, 블레어, 편하설, 스월른, 솔토, 해밀튼, 클라크, 보컬 등 10명의 큰 업적을 이룬 분들을 집중적으로 연구하며, 더불어 평양대부흥회, 신사참배, 『논리약해』, 순교자, 선교사들의 부인, 숭실의 문인, 숭실의 음악인, 방지일 목사, 조만식 선생 등 30주제의 사건·저술·인물 등 특정 분야에서 이루어진 탁월한 업적을 연구하고 그 가치를 재현해 내는 것을 목표로 하였습니다.

이 연구에 한국교회사 연구에 있어 전문가이신 이상규 교수님(고신대), 김흥수 교수님(목원대), 임희국 교수님(장신대), 이덕주 교수님(감신대), 김승태 교수님(한국기독교역사연구소) 그리고 민경찬(한예종) 교수님을 각각 책임 연구원으로 모실 수 있게 된 것, 그리고 숭실대학교의 여러 학문 분야의 교수님들이 참여해 주신 것에 깊은 감사를 드립니다. 희귀 자료들을 선뜻 내어 주시고, 확보에 도움을 주신 한국교회사문헌연구원의 심한보 선생, 그리고 호주 선교회 관련 자료를 제공해 주신 전 예장(통합)교단 사무총장 조성기 목사님께 감사드립니다. 또 이번 일에 크게 도움을 주신 분으로 결코 빠뜨릴 수 없는 분이 있습니다. 숭실대학교 부설 한국기독교박물관의 학예사 한명근 박사입니다. 한명근 박사는 이번 일에 있어서 여러 형태로 많은 도움을 주었습니다. 무엇보다 박물관이 소장하고 있는 희귀 자료의 열람은 물론 사진들을 제공하여 연구와 연구물의 출판에 큰 도움을 주었습니다. 뿌리찾기위원회의 발족 때부터 연구 기획에서 김명배 교수가 많은 도움을 주었습니다. 또한 더불어 기획·사무·총괄 간사로 수고해 주신 오지석 박사께도 깊은 감사를 전합니다. 사무행정에서 매끄러운 진행을 배려해 주신 120주년기념사업회 윤형흔 부장님의 수고도 함께 오래도록 기억할 것입니다.

이제 그 연구결과들을 뿌리총서라는 이름으로 숭실대학교 한국기독교문화연구원에서 간행합니다. 1967년에 출범한 한국기독교문화연구원은 그 동안 줄곧 이름 그대로 한국의 기독교문화를 연구해 오고 있습니다. 우리 연구위원회에서 수행한 활동은 사실상 한국기독교문화연구원의 사업과 부합하며, 실제로 행정과 사무실, 소장 자료를 중심으로 진행되는 등 그 활동의 일환으로 진행되어 왔습니다. 뿌리총서 1호는 윌리엄 베어드입니다. 이어 평양 시절 숭실의 교장들의 평전이, 그리고 탁월한 업적을 이루어낸 분들에 대한 연구물이 그 일련 번호를 차례로 이어 나가게 됩니다.

항시 좋은 뿌리를 가졌다고 자부해온 우리 숭실인들이 그 뿌리의 형성 과정을 다시 살펴보고 오늘의 우리에게 나타나고 있는 가지와 잎과 꽃과 열매가 바람직한 형상과 품질과 격조를 지니고 있는지를 냉정하게 살펴보는 시간이 되기를 원합니다.

만시지탄이 큰 이 일이지만 그 중요성을 인식하시고 많은 어려움 속에서도 이를 발의하시고 재정을 마련하시고 행정의 틀과 편의를 제공하여 주신 숭실대학교 총장님께 깊은 감사를 드립니다.

2017년 4월

숭실대학교 뿌리찾기위원회 위원장

숭실대학교 한국기독교문화연구원장

곽 신 환 삼가 적음

목차

부록

숭실과
한국의 근대음악

1. 들어가는 말

새로운 한국의 근대 음악은 서양음악과의 접촉과 그 영향으로부터 시작되었다고 말할 수 있다. 그리고 눈부신 성장과 발전을 거듭한 끝에 오늘날과 같이 다양하고 풍성한 음악문화를 만들어냈다. 마치 성경 말씀과도 같이 작은 겨자씨가 자라 나무가 되어 새들이 와서 그 가지에 깃들이게 된 것이다.

그렇지만 새로운 음악의 씨인 서양음악을 전달한 사람은 누구이고 그 목적은 무엇이며, 그 씨를 뿌려 자라게 한 곳이 어디이며, 어떻게 열매를 맺게 하였고, 어떤 열매가 맺었으며 또 그 열매가 어떤 역할을 하였는지 우리는 잘 모른다. 다시 말해 서양음악의 전달자, 서양음악 수용의 거점 및 한국근대 음악의 발원지, 서양음악을 전문으로 하는 한국인 음악가를 육성 및 배출한 곳, 근대음악 활동의 중심지 등에 관해 우리는 잘 모른다. 표면에 들어난 역사적 사실조차 모르니 그것을 있게 한 원리와 섭리를 모르는 것은 어쩌면 당연한 일일지도 모른다.

그런데 우리가 잘 모르는 내용을 추적해 보면 상당부분이 '숭실학교'[1]와 관련이 있다는 사실을 발견하게 된다. 예를 들어, '한국 최초'라는 수식어가 붙는 전문음악가, 음악교육자, 작곡가, 피아니스트, 오케스트라 지휘자, 노래집 편찬자, 음악이론서 저자 등이 대부분 숭실학교 출신이다. 그리고 2세대 음악가를 대거 배출한 연희전문학교에서 음악을 가르친 사람과, 해방이후에 음악가를 대거 배출한 서울대학교 음악대학의 설립자, 북한 음악을 개척했다고 알려진 사람 등도 대부분 숭실학교 출신이다. 또한 대한민국 국가(國歌)인 〈애국가〉의 작곡자 안익태도 숭실학교 출신이다. 그런 한편 학교밴

---

1) 본고에서 말하는 '숭실학교'란 숭실학당, 숭실중학, 숭실대학, 숭실전문학교를 총칭하는 상징적인 표현으로, 모두 '평양숭실'을 의미한다. 그리고 '숭실인'이란 표현 역시 평양숭실학교에서 가르친 사람과 재학 및 졸업한 사람 모두를 일컫는 말이다.

드부를 비롯하여, 음악전도대, 오케스트라, 학교 합창음악의 발원지도 역시 숭실학교이다. 즉, 한국 근대음악의 토대가 숭실학교에서 숭실인들에 의해 만들어졌고 또 전국으로 확산이 되었다는 것을 시사해 주고 있는 것이다.

그럼 여기서 자연히 "숭실학교에서 서양음악을 보급하고 가르치고 음악 인재를 양성한 사람은 누구일까?"라는 질문을 하게 된다. 이를 추적해 보면 모두 기독교 선교사와 그 부인들이라는 사실을 알게 된다. 그럼 또 다시 "이들은 왜 한국에 와서 서양음악을 보급하고 음악전문가를 육성했을까?"라는 질문으로 이어진다. 이에 대한 답은 '선교'일 것이다. 그럼 또 다시 "이들은 왜 한국이라는 나라를 택했을까?"라는 질문으로 이어진다. 아마 그에 대한 답은 '기도'와 '응답'과 '부르심'에 있을 것이다. 우리는 여기서 또 다른 질문을 하게 된다. "그럼 하나님께서는 왜 음악한국의 거점을 숭실로 택하셨을까?"라는 질문이다. 그런데 우리는 아마 이 질문에 대한 답을 구하지 못할 지도 모른다. 그것은 어쩌면 하나님의 주권에 해당하는 것일 지도 모르기 때문이다.

본 글은 이와 같은 질문과 답 그리고 사실과 가설을 좀 더 구체화시키는데 목적이 있다. 그리고 이를 바탕으로 숭실학교와 한국의 근대음악과의 관계를 연구해 보고자 하는 또 다른 목적도 가지고 있다. 연구 결과 자연스럽게 '한국근대음악사에 있어서 숭실학교의 역할과 비중, 의미 등'이 드러나게 될 것이다. 그리고 이는 한국근대음악사에서 누락된 사실을 보완 및 보충하는 것으로 이어질 것이다.

본 글의 내용은 크게 '숭실학교 설립 이전의 서양음악 유입 양상', '숭실학교의 음악교육', '숭실학교의 음악활동', '숭실학교에서 음악을 가르친 교육자', '숭실학교에서 사용 및 사용했다고 추정되는 음악교과서', '숭실학교 출신의 음악가' 등으로 나뉘어진다. 그리고 부록으로 숭실학교의 음악교육과 관계가 깊은 안애리가 번역 및 창작한 찬송가사 목록과, 북한에서도 알려진 숭실학교 출신들의 작품 목록 등을 정리 및 소개하고, 아울러 숭실학교 학생들이 재학 중 만든 작품과 새로 발굴된 주요 악보, 북한 악보집에 수록된 숭실학교 출신의 악보 등을 수록하도록 하겠다.

본 글을 집필하는데 있어 가장 큰 애로점은 1차 사료가 턱없이 부족하다는 점이다. 가장 기본이 되는 학교설립과 관련된 자료 등을 비롯하여 교과내용, 교과목표, 교과과정, 교과서, 교직원 명부, 입학생 및 졸업생 명부, 학적부 등이 없는 상태에서 학교의 역사를 집필하기란 사실상 불가능에 가깝다. 그렇지만 다행히도 『숭실학교100년사-평양숭실편』를 비롯하여, 당시의 신문·잡지, 졸업생들의 회고담과 자서전, 음악가사전, 한국근현대음악사, 관련 악보집 등 연구에 직간접적으로 도움이 되는 자료와 선행연구도 적지 않아 꼭 불가능한 것이 아니라는 생각이 든다.

다만, 군데군데 유추 해석을 해야 하는 부분이 있을 수밖에 없음을 고백하지 않을 수 없다. 이 경우 가능한 한 합리적 근거를 제시하도록 하겠다. 또한 본고는 어떤 의미에서 역사의 퍼즐 맞추기라는 성격을 띠고 있는데, 그 퍼즐을 잘못 맞추었거나 못 맞춘 경우도 적지 않게 발생 할 것이다. 이는 전적으로 필자의 잘못이라 생각하며 그것을 최소화하는데 노력하겠다.

2. 숭실학교 설립 이전의 서양음악 유입 양상

1) 개항(開港) 이전

'숭실학교와 한국의 근대음악'을 논하기 전에 먼저 숭실학교 설립을 전후로 해서 우리나라의 서양음악 유입 양상을 검토해 보는 일이 필요하다. 그래야만 역사적 자리매김과 함께 그 의미가 제대로 드러나게 될 것이기 때문이다.

우리나라 사람과 서양음악과의 만남은 19세기말부터 본격화되지만, 멀리 보면 17세기부터 이루어진다. 인조 9년인 1631년 정두원(鄭斗源 1581년-?)이란 학자는 명(明)나라에 사신으로 가서 이탈리아 출신의 예수회 선교사인 줄리오 알리네(Gioulio Aleni 1582-1649)가 쓴 『직방외기(職方外紀)』라는 책을 가지고 돌아왔는데, 이를 통해 정두원을 비롯해 조선의 여러 학자들이 서양에도 고도로 발달한 음악문화가 있다는 사실을 알게 되었다고 한다.[2)]

이 후 18세기에서 19세기 초에 걸쳐서는 홍대용(洪大容 1731년-1783년), 박지원(朴趾源 1737년-1805년), 이덕무(李德懋 1741년-1793년), 이규경(李圭景 1788-1856) 등과 같은 학자들이 중국에 유입된 서양음악을 접촉하고 그 인상을 견문록이나 기행문을 통해 발표하거나 서양음악의 기초이론을 단편적으로 소개하기도 하였다.

그런 한편 가톨릭의 전래와 함께 가톨릭의 성가(聖歌)가 유입되었다. 가톨릭의 미사에는 음악을 사용하기 때문에 가톨릭의 전래와 함께 서양음악이 유입이 되었을 것이라고 추측하기란 어렵지 않다. 19세기 초 가톨릭 신자를 중심으로 서양의 노래가 어느 정도 보급된 것으로 보이는데, 아쉽게도 이때 유입된 노래는 일반화되지 못했고, 또 가톨릭의 모진 박해로 말미

---

2) 노동은, 「한국양악사, 100년사인가? 360년사인가?」, 『음악과 민족』, 제5호, 부산: 민족음악연구소, 1993, 58-59쪽.

암아 기층민중 속에 뿌리를 내리지 못했다. 그렇지만 이 땅에 복음과 함께 가톨릭 음악을 전파한 순교자들은 "머지않아 어디에서도 길을 걸으면서 노래할 수 있다"는 예언을 하였는데, 이 예언은 머지않아 현실에서 꽃을 피우게 되었다.[3)]

2) 개항에서 숭실학교 설립이전까지

① 선교사의 내한과 서양음악의 수용

1876년 개항(開港)과 함께 미국을 비롯한 서양의 여러 나라들과 교류를 하기 시작하였다. 그리고 기독교 선교사들도 우리나라에 들어오기 시작하였다.

우리나라에 입국한 최초의 선교사는 알렌(Horace Newton Allen, 1858-1932)이었다. 의료선교사인 그는 1884년에 입국을 하였는데, 이때 서양악기인 소형 오르간을 가지고 왔다.[4)] 서양악기의 실물이 한국에 소개된 것이 이것이 처음이며, 그의 부인은 이듬 해 생긴 주일학교에서 이 소형 오르간으로 찬송가 연주를 하였다.[5)] 알렌에 이어 1885년에는 교육선교사인 동시에 복음선교사인 언더우드(Horace G. Underwood, 1859-1916)와 아펜젤라(Henry G. Appenzella 1858-1902), 교육선교사인 스크랜톤(Mary F. Scranton, 1832년-1909)이 내한(來韓)하였다. 그리고 그 뒤를 이어 수많은 선교사들이 입국을 하였다. 이들은 기독교의 복음과 함께 찬송가를 보급하였고, 학교를 세워 음악교육을 실시하였으며, 오르간, 트럼펫, 바이올린과 같은 서양 악기를 소개하기도 하였다.

선교사들의 내한과 선교활동 그리고 선교활동의 일환으로 실시된 음악활동은, 향후 한국에 서양음악이 보급이 되고 또 서양음악 문화가 뿌리를 내리는데 있어 가장 큰 요인으로 작용을 하게 된다.[6)]

---

3) 민경찬, 『청소년을 위한 한국음악사-양악편』, 서울: 두리미디어, 1996. 22쪽.

4) 김원모 역, 『알렌의 일기』, 용인: 단국대학교 출판부, 2004. 66쪽.

5) 김인수 역, 『알렌의사의 선교·외교편지』, 서울: 쿰란출판사, 2007. 187쪽.

6) 민경찬, 『청소년을 위한 한국음악사-양악편』, 26쪽.

② '학교'의 설립과 음악교육의 시작

선교사들은 이 땅에 근대식 교육기관인 '학교'를 설립하기 시작하였다. 1885년 아펜젤라는 최초의 근대식 교육기관인 배재학당을, 1886년 언더우드는 경신학교를, 같은 해 스크랜톤은 최초의 여학교인 이화학당을 설립하였다.

우리나라 최초의 근대식 교육기관인 배재학당은, 한국 근대음악사적 측면에서 보면 학교의 음악 교육을 처음 실시한 곳이기도 하다. 배재학당에서 음악교육을 언제부터 실시했는지에 관한 정확한 시점은 알 수 없다. 다만, 『培材史』를 보면, "1886년 11월 1일에 벽돌집 서양식의 큰 교사를 짓고… 창가… 등의 학과목을 교수하였고…"[7]라는 기록이 있고, 『培材百年史』를 보면, 1889년 일반교양부 1학년, 2학년, 3학년 교과목으로 노래부르기가 있고, 음악 교사로 베르타 S. 올링거 부인의 이름이 있는 것으로 보아[8] 1890년 이전에 이미 음악교육이 실시된 것을 알 수 있다. '창가' 또는 '노래부르기'라는 이름으로 음악이 교과목으로 채택된 첫 번째 예인 것이다. 이어 이화학당에서도 1891년부터 성악과 오르간을 비정규 과목으로 가르치기 시작하였고, 기독교계열의 다른 학교에서도 음악을 가르치기 시작하였다.

그런데 19세기 말까지만 하더라도 한국에는 서양음악을 전문으로 하거나 서양음악을 전공한 사람이 아무도 없었다. 당연히 한국인 음악교사도 없었다. 따라서 기독교계열 학교의 음악 교육은 선교사와 그 부인들이 담당하였는데, 이들은 비록 음악 전공이 아니라 하더라도 상당수가 스스로 풍금 반주를 하면서 노래를 부를 수 있는 음악적 소양을 갖추고 있었다. 주로 찬송가를 가르쳤으며, 이를 통하여 서양의 노래가 점점 확대가 되어 갔다. 기독교

---

7) 배재중고등학교편, 『培材史』, 1955. 60쪽.

8) 배재백년사편찬위원회편, 『培材百年史』, 1989. 53-54쪽.

계열의 학교에서 실시한 음악교육은 그 자체로도 의미가 있지만, 이후에 설립된 각종 사립학교와 공립학교의 교과목에 '음악'을 채택하도록 한 계기가 되었다는데 더 큰 의미가 있다.

③ 최초의 서양노래인 찬송가와 최초의 서양노래 책인 찬송가집의 등장

그런 가운데 서양의 곡조에 우리말 가사를 붙여 노래하는 새로운 음악문화가 생겨나기 시작하였다. 우리말 가사로 된 찬송가가 등장한 것이다. 선교사가 내한하여 찬송가를 가르치고 보급하기 시작하였지만 처음부터 우리말 가사로 된 찬송가를 보급한 것은 아니었다. 아직 우리말이 서툰 선교사는 영어찬송가를 보급하였고, 이미 중국을 통하여 기독교를 접한 몇몇 사람들은 중국어로 찬송가를 불렀다. 이에 성경 번역 못지않게 찬송가 번역이 시급한 과제였다. 몇몇 선교사들이 주도하여 우리말 찬송가를 만들어 보급했고, 이런 가사를 모아 1892년 한권의 책으로 묶어 발간하였는데, 이것이 우리나라 최초의 찬송가집이며 동시에 최초의 서양노래집이라는 의미를 가지고 있는 『찬미가』이다. 선교사인 존스(George H. Jones, 1867-1919)와 로드와일러(Louisa C. Rothweiler)가 편집을 했으며, 감리교 전용으로 악보가 없이 가사만으로 된 찬송가집이다. 총 27곡의 번역찬송가가 수록되었고 당시 개별적으로 번역되어 불리던 찬송가를 거의 포함하고 있다고 전해지고 있으나 아쉽게도 원전이 발견되지 않아 구체적인 곡목을 알 수 없다. 1892년에 발행한 『찬미가』는 일종의 임시판이며, 1895년 제1판 82곡을 시작으로 거의 매년 증보판을 발행하였고, 1902년판에는 205곡으로 그 곡수를 늘였다. 한 가지 특이한 것은 감리교 전용 찬송가집임에도 불구하고 언더우드와 베어드 부인(안애리) 등 장로교 선교사가 번역 또는 창작한 찬송가사도 적지 않게 수록되었다. 1892년부터 사용하기 시작하여 1908년 장로교·감리교의 연합찬송가집인 『찬숑가』가 나올 때까지 감리교 전용 찬송가집으로 사용하였다.

한편 감리교의 『찬미가』보다 2년 늦은 1894년 장로교의 선교사인 언더우드가 『찬양가』라는 찬송가집을 편집·발행하였다. 『찬양가』는 한국 최초의 '악보가 붙은' 찬송가집일 뿐 아니라 한국 최초로 '오선보로' 출판된 악보집이라는 역사성을 가지고 있다.[9)] 오선보 악보와 함께 우리 말 가사로 된 117편의 찬송가가 수록되었으며 매 년 곡의 수가 증가된 증보판이 발행되었다. 『찬양가』는 원래 장로교·감리교의 연합찬송가집으로 편찬할 예정이었다. 그런데 'God'의 호칭문제가 해결되지 않았고, 선교부에서 통과하기도 전에 출간을 서둘렀고, 다른 사람의 번역을 동의 없이 편찬자인 언더우드가 마음대로 고쳤다는 등의 이유로 감리교에서 거절을 하였고, 북장로교에서도 'God'의 호칭문제와 번역 문제 등을 이유로 사용을 거부하였다. 따라서 최초의 악보 찬송가집인 동시에 연합찬송가집으로 계획된 『찬양가』는 아쉽게도 공인을 받지 못하고 주로 언더우드가 속해 있는 서울 중심의 남장로회선교부 소속의 교회에서만 사용하였다.

그렇다고 『찬양가』를 과소평가해서는 안 될 것이다. 앞에서 말한 바와 같이 최초의 오선보 악보집이고, 최초의 악보 찬송가집일 뿐 아니라, 국내에는 오선보 악보 인쇄 기술이 없었음에도 불구하고 단선율 악보집이 아니라 당시로는 획기적인 4성부 악보집으로 만들었다는 점, 편집 및 체계를 비롯하여 서양선율에 한국어 가사를 붙이는 방법 등 찬송가집을 만드는데 있어 기술적인 어려움을 해결해 주었다는 점, 오선악보·한국어·영어·한자 등을 하나로 결합된 형태로 만드는 등 찬송가집의 출판 수준을 획기적으로 높여주었다는 점, 곧 이어 출판될 우리나라 음악사에 있어 가장 큰 영향을 준 『찬송가』의 모델이 되어 주었다는 점 등을 들 수 있다. 또 다른 주목할 만한 사항으로는 『찬양가』에는 찬송가의 선율에 우리나라 사람이 만든 창작 찬송 가

---

9) 『찬양가』는 우리나라 최초의 찬송가집으로써 뿐만 아니라 우리나라 최초의 오선보 노래집으로써 한국근대음악 발전에 지대한 영향을 끼쳤다는 이유로 2011년 대한민국 등록문화재 제478호로 지정되었다.

사를 붙인 것이 10여 편이나 있다는 점을 들 수 있다. 다시 말해 서양의 곡에 한국 사람이 만든 가사를 붙여 노래하는 역사가 1894년 『찬양가』로부터 시작된 것이다.

그런 한편 북장로회선교부의 근거지인 평양을 중심으로 한 서북지역의 장로교회에서는 1895년 '북장로 선교부 찬송가위원회'가 편찬한 『찬셩시』라는 찬송가집을 사용하기 시작하였다. 『찬셩시』는 1895년 제1판이, 1898년 제2판이 발행되었고, 1907년까지 모두 12판이 발행되었다. 『찬양가』와 『찬셩시』에 수록된 곡은 기본적이 유사하다. 그렇지만 번역의 측면에서 많이 개선이 되었고, 특히 'ᄎᆞᆷ신', '하ᄂᆞᆯ의 아버지'가 '하ᄂᆞ님', '하ᄂᆞ님 아버지'로 대치되었다. 악보가 없는 가사집이며, 어떤 찬송가의 선율로 부르라고 찬송가의 곡명이 가사 위에 영어 제목으로 쓰여 있다.[10] 악보판이 아니라 가사판으로 만든 이유는 우선 악보판의 경우 천문학적인 비용이 들어 그 비용을 감당하기 어려웠을 것이다. 그리고 당시에는 오선보를 볼 수 있는 사람이 거의 없었으며, 선교사들이 가르쳐 준 찬송가를 외워서 불렀지 악보를 보고 부른 것이 아니기 때문에 굳이 필요가 없었을 것이다. 또한 악보가 필요한 경우 『찬양가』를 보면 되었기 때문에 이 점 역시 악보판은 만들지 않게 하는 요인으로 작용했을 것이다.

『찬셩시』의 제2판인 1898년 판의 편찬위원은 당시 숭실학당 교사였던 베어드 부인과 그라함 리(李吉咸, Graham Lee)였다. 그리고 1902년 판의 책임편집자는 베어드 부인이었다. 몇 편을 제외하고는 모두 선교사가 번역 및 창작을 한 것이며, 현재의 찬송가집에도 수록되어 있는 〈나는 갈길 모르니〉(375장), 〈멀리 멀리 갔더니〉(387장)를 비롯하여, 베어드 부인이 창작 및 번역한 것도 상당수에 이른다. 『찬셩시』는 1902년 '장로회공의회'에 의해 공인 찬송가집

10) 가사판으로 간행이 되었다가 1905년 9판에 이르러 악보판이 발행되었다. 악보판에는 총 151곡이 수록되어 있다.

으로 승인을 받았으며[11], 1908년 『찬숑가』가 등장할 때까지 장로교의 유일한 공인 찬송가집이었다.

④ 애국창가의 등장

기독교 신자가 아닌 일반 사람이 서양노래를 부르기 시작한 것은 대략 1896년부터이다. 이 무렵 애국계몽운동이 전개가 되었는데, 이 일환으로 애국적이고 계몽적인 내용을 담은 수많은 '애국시'가 등장하였다. 이 '애국시'를 효과적이고 체계적이고 광범위하게 전달할 수 있는 도구가 필요하였는데, 그 도구로 선택되어진 것이 바로 '신식 노래'였다. 그런데 애국계몽운동 초기만 하더라도 신신 노래란 찬송가를 의미하였다. 따라서 찬송가의 선율에 애국시의 가사를 붙여 노래한 것이 애국가[12]의 시초이며, 동시에 수 많은 애국가가 등장하였다.

현재 곡조를 알 수 있는 가장 오래된 애국가는 〈황제탄신경축가〉(일명 새문안교회 애국가)란 이름을 가지고 있는 〈애국가〉이다. 이 노래는 찬송가 〈피난처 있으니〉인 동시에 영국국가의 선율을 차용한 것인데, 1896년 9월 9일 고종황제의 탄신일을 맞아 새문안교회 교인들이 축하예배를 볼 때, 만들어 불렀다고 한다.[13] 이어 1896년 11월 21일에 있었던 독립문 정초식에서 배재학당 학생들이 〈조선가〉, 〈독립가〉 등의 애국창가를 불렀다. 그리고 1896년에 창간된 『독립신문』에도 여러 편의 애국시가 '애국가'라는 이름으로 발표되었다. 또한 1896년 『독립신문』을 보면 "애국가를 만들어 불렀다"는 기사가 적지 않게 발견된다. 그 대표적인 것을 살펴보면 다음과 같다.

---

11) 위의 책. 129쪽.

12) 오늘날의 '애국가' 개념과는 달리 '애국시를 가사로 한 노래'라는 뜻이 강하며, 애국창가라고도 하였다.

13) 이유선, 『한국양악백년사』, 서울: 음악춘추사, 1985. 40쪽.

오월 삼십일일 각 관립 소학교 학원들이 훈련원에서 운동회를 하는데 정부 고관들과 교사들이 다 모이고 운동회를 마치매 학원들이 애국가를 불렀다더라.[14)]

영어 학교 학도들이 배재학당 학도들을 -중략- 애국가를 두 학교에서들 지어 노래들을 하고 -중략- 배재 학도들은 돌아와 국기를 가지고 애국가들을 하고 교사들 집에 가 노래를 하여 들리고 학교 앞에 올라가 대군주 폐하를 위하여 만만세를 부르더라.[15)]

오늘은 북미 공화 합중국 독립 한지 일백 이십 일년 환갑이라 서울 있는 미국 인민들이 오늘 독립 일 경축회를 대정동 배재 학당 앞에서 할 터인데 여럿이 연설도 할 터이요 또 애국가로 노래 할 터이라.[16)]

대조선 서울 예수 교회에서 내일 대군주 폐하 탄신 경축회을 하는데 아침에는 각 예배당에서 대군주 폐하와 조선 인민을 위하여 하나님께 찬미와 기도을 할 터이요 오후 네 시에 모화관에 모두 모여 애국가로 노래하고 명망 있는 사람들이 연설도 할 터이라 물론 누구든지 이 날을 경축히 생각 하는 이는 모두 모화관으로 와서 같이 애국가로 노래하고 연설도 들으시오.[17)]

어저께 모화관에서 서울 예수 교회 교원들이 대군주 탄신 경축회를 하였는데 사람들이 근 천 명이 모여 애국가들 하고…[18)]

애국가는 서울뿐만 아니라 평양에도 울려 퍼졌다. 다음 기사는 그 사실을 말해 주고 있다.

---

14) 『독립신문』, 1896년 6월 2일. 현대문으로 바꾼 것임. 이후 인용한 신문기사는 모두 현대문으로 바꾼 것임.

15) 『독립신문』, 1896년 7월 2일.

16) 『독립신문』, 1896년 7월 4일.

17) 『독립신문』, 1896년 9월 1일.

18) 『독립신문』, 1896년 9월 3일.

평양 보통문 안 학당 학도들과 대동문 안 학당 학도들이 뱃놀이를 하는데 배 머리에 국기를 꽂고 애국가들을 부르니 귀경 하는 사람들과 길에 왕래 하는 사람들이 그 노래 뜻을 물으니 교사 모펫씨와 리길함씨와 또 여러 선생들과 학도들이 대답하기를 이 노래는 나라를 사랑 하고 백성을 위하는 뜻이라 한즉 그 사람들이 매우 좋은 노래라 하고 또 학도들에게 묻기를 너희 각각 마음에 생각나는대로 글자 하나씩을 부르라 하니 학도들이 대답 하되 사랑 애자 믿을 신자 충성 충 자 효도 효자를 부르니 그 사람들의 말이 오늘 부터 학도들의 행신 하는 것을 보겠다고 하고 돌아갔다더라.[19)]

3) 새로운 음악 역사의 시작

이와 같이 한국에서의 서양음악은 찬송가로부터 시작되었다. 그리고 그것을 전달해 준 사람은 선교사들이었고, 주로 교회와 기독교계열 학교를 통해 보급이 되었다. 이로 말미암아 서양노래에 우리말 가사를 붙여 여러 명이 노래를 부른다는 '집단 가창'이라는 새로운 음악문화가 싹을 트기 시작하였다. 그리고 그 문화는 기독교 신자로부터 시작이 되었다. 이어 찬송가 선율에 나라를 사랑하는 내용의 가사를 붙인 새로운 노래인 애국창가가 등장하여 불리기 시작하였다. 이 역시 기독교 신자로부터 시작이 되었으며 차츰 일반 국민들에게도 보급이 되었다.

그렇지만 1897년 숭실학당이 문을 열기 이전만 하더라도 한국의 음악 상황은 불모지나 다름없었다. 연주단체는 물론, 외국인, 한국인 포함해 전문음악가가 한명도 없었다. 전문음악가가 없었으니, 당연히 한국인이 작곡한 창작곡도 없었고, 음악회도 없었다. 그리고 한국인 음악교사도 없었고, 음악을 전공하려는 음악학도도 없었다. 다만 아마추어 음악가인 선교사들에 의해 음악교육이 시작이 되었고, 찬송가가 보급이 되었고, 찬송가의 선율로 만든

---

19) 『독립신문』, 1896년 9월 3일.

애국창가가 몇 편 있었을 뿐이다.

이러한 상황에서 숭실학당이 등장하였는데, 어쩌면 우리의 역사는 새로운 음악역사의 주역을 배출할 새로운 교육 기관인 숭실학교의 출현을 기다리고 있었는지도 모른다.

3. 숭실학교의 음악교육

1) '음악'을 필수 교과목으로 채택

서양음악은 말 그대로 서양의 음악이다. 따라서 우리나라 사람이 서양음악을 접촉하려면 서양에 가서 그 음악을 배우던지 아니면 서양 사람이 우리나라에 와서 그 음악을 전달하던지 해야 했다. 서양음악을 전문으로 하는 음악가 역시 서양 유학을 통해 음악가가 되든지 아니면 한국에 온 서양음악 전문가로부터 교육을 받아 음악가가 되던지 해야 했다. 그런데 우리의 경우는 특이하게도 서양 사람이 직접 내한하여 서양음악을 보급하였고, 또 서양음악 전문 음악가를 육성하였는데, 그 서양 사람이란 대부분 기독교 선교사들과 그 부인들이었다.

초기의 선교사 중 상당수가 복음선교사인 동시에 교육선교사 또는 의료선교사의 역할을 겸하였다. 이는 예수님의 3대 사역이라 할 수 있는 복음사업, 교육사업, 의료사업과 무관하지 않은데, 당시 조선은 외국어를 가르칠 교사와 의사가 필요하였고, 이에 미국을 비롯한 여러 나라에서 교사 자격증 또는 의사 자격증이 있는 선교사를 조선에 파견하였다. 조선과 외국 선교단체와의 교집합이 '학교'와 '병원'으로 형성된 것이다.

1885년 배재학당을 시작으로 1910년까지 전국에 설립된 기독교 계열의 학교는 796개교에 달했다. 기독교 계열의 학교에서는 대부분 음악교육을 실시하였고 주로 찬송가를 가르쳤다. 그런데 수많은 기독교 계열의 학교 중에서도 한국 근대음악의 개척자와 선구자 역할을 한 전문음악가를 대량 배출한 곳은 1897년 평양에서 문을 연 숭실학교였다. 그 많은 기독교 계열의 학교 중에서 왜 유독 숭실학교를 통해 전문음악가가 대량으로 배출되었을까? 더구나 음악전문교육기관도 아닌데 어떡해 해서 음악가가 많이 배출될 수 있었을까? 그것도 교회음악 전문가뿐만 아니라 작곡가, 성악가, 피아니스트, 지휘자, 음악 행정가, 음악 교육자, 음악 저술가 등 음악의 거의 전 분야에 걸쳐 인재를 배출 할 수 있었을까? 그 이유에 관해 현재로서는 누구도 자신있게 대답할 수 없을 것이다. 다만, 기독교 계열의 학교 중에서 최초로 대학교육을 실시했다는 점, '음악'을 선택이 아니라 필수로 교육했다는 점, 음악을 전공한 선교사가 여러 명 있었다는 점, 다양한 음악교육을 실시했다는 점 등을 통해 미루어 짐작 할 수 있을 뿐이다.

그런데 『숭실대학교 100년사-평양숭실편-』[20]는 그 질문에 답을 풀 수 있는 단초를 제공해 주고 있다. 『숭실대학교 100년사』에 의하면, '숭실학교'는 그리스도의 복음을 전파할 수 있는 참된 교사와 교역자를 양성하려는 목적을 가지고, 다시 말해 이 민족과 국가와 교회의 앞날을 짊어지고 나갈 지도자의 양성이라는 목적과 함께, '진리의 탐구', '봉사의 정신', '자유의 구현'이라는 3대 창립정신을 가지고 개교를 하였다.[21] 그리고 3대 창립정신 중 '진리의 탐구'의 덕목에서는 성경 이외에도 과학, 수학, 음악을 중요시하였고, 이 과목들을 필수로 가르쳤다. '과학 교육'은 만물이 생성하고 발전하는 원리를 알고 나아가 하나님의 심오한 섭리를 엿볼 수 있게 하기 위한 것이었고, '수학 교육'은 모든 학문의 기초라는 이유로, '음악 교육'은 지식 계발의 최선의 방법이라는 이유 때문이다.[22] 이는 중세 대학의 문법, 수사학, 논리학, 산술, 기하, 천문학, 음악 등 7개 교과목 중 교양 필수에 해당하는 4과목(quardrivium)인 산술, 기하, 천문학, 음악과 거의 일치한다.

음악교육의 첫 단계에서는 음악 이론이, 다음 단계에서는 악기를 선택하여 익히는 기악 교육이 부가되었는데, 숭실의 음악교육은 단순히 음악을 위한 음악을 교육하는 것이 아니었다고 한다. 복잡한 악보를 연주로 연결시켜

---

20) 이하 『숭실대학교 100년사』라 칭하겠음.

21) 숭실대학교 100년사 편찬위원회, 『숭실대학교 100년사-평양숭실편-』, 서울:숭실대학교 출판부, 1997, 60쪽.

22) 위의 책, 61쪽.

오묘하고도 신비한 음악의 세계를 이룩하는 과정을 통해 희열 속에서 지능의 계발을 가져올 수 있고, 신의 나라를 증거 할 수 있어서 음악이 중시되었다고 한다.[23] 또한 체계적인 음악 교육을 실시하면서 창가와 악보 읽는 법, 발성법 등을 가르쳤고, 또 오르간부를 만들어 음악에 재능이 있는 학생들에게 이른바 수재 교육을 실시하였다.[24]

한마디로 말한다면 '하나님의 음악'을 체계적으로 보급하고 가르쳤고 또 '하나님의 음악'을 담당할 음악인재를 육성하였던 것이다.

2) 숭실학당 및 숭실중학교의 음악교육

1897년 개교 당시 개설된 과목으로는 성경, 산수, 한문, 역사, 음악[25] 등이 있었다. 가르칠 사람도 부족했고, 교재도 없었고, 가르칠 장소도 변변치 않았던 열악한 조건 속에서도 음악교육은 실시된 것이다. 이는 1889년경부터 '노래부르기'라는 교과목으로 시작한 배재학당의 음악교육과 1891년부터 비정규과목으로 음악을 가르친 이화학당과 1895년부터 음악교육을 실시한 정신여학교의 전신인 연동여학교에 이어 네 번째로 실시된 학교의 음악교육에 해당한다. 서북지역은 물론 서울 이외의 지역에서 실시한 첫 번째 음악교육인 것이다.

이후 1899년 마펫부인(Alice Fish Moffett)이 주 2시간의 음악을 담당하였고, 1901년 헌트부인(Bertha Finley Hunt)과 블레어부인(Edith Allen Blair)과 하웰양(Miss. E. Howell)이 각각 주 1시간의 음악을 담당하였다.[26] 그런데 『숭실대학교 100년사』에 개교부터 1901년까지의 음악교육의 기록은 있지만 1908년까지의 기록이 없다. 그렇지만 이는 당시 숭실중학과 숭실대학에 다녔던 김인

---

23) 위의 책, 61쪽.

24) 이강숙 · 김춘미 · 민경찬, 『우리양악100년』, 서울: 현암사, 2001. 169-170쪽.

25) 숭실대학교 100년사 편찬위원회, 『숭실대학교 100년사-평양숭실편-』, 73쪽.

26) 숭실대학교 100년사 편찬위원회, 『숭실대학교 100년사-평양숭실편-』, 81쪽.

식의 글 등을 통하여 보완할 수 있다.

> *나는 학생들 중에서 찬송가를 잘 부른다 하야 지휘봉을 잡게 되었고 삼학년 때부터 1학년의 음악을 나에게 맡겨 비로소 접장 소리를 들었다. -중략-*
>
> *숭실에서 공부하면서 한편으로 숭실중학의 음악수업을 지도하게 되었다. 그 때에 내가 받은 월급이 12량이었는데, 그 12량으로는 생활이 부족하여 매번 나의 조부께서 땔나무 등등을 마련해 주시고 가시므로 인하여 생활에 큰 도움을 받아 별로 어려운 것을 모르고 지났다.*[27)]

즉, 숭실중학 3학년 때 1학년 음악 수업을 지도했다는 내용이다. 김인식은 1900년 9월 숭실중학에 입학하여 1905년 6월 2회로 졸업을 하였다. 그러니까 그가 3학년 때는 1902년으로 이 해에도 음악수업이 있었다는 것을 의미한다. 당시 숭실학교에서는 심각한 교사 부족 때문에 우수한 상급생 중에서 조교를 뽑아 수업을 돕도록 하는 변칙을 이용하고 있었는데, 김인식은 이 조교에 해당하였던 것이다.[28)] 또한 김인식은 1905년 9월 숭실대학에 입학하여 1906년 6월까지 동교에서 수학을 했는데, 1906년 9월부터 12월까지도 숭실중학에서 가르쳤다는 기록이 있다.[29)] 그와 동시에 교강사 명단에는 없지만 "1901년에 한국에 온 방위량(邦緯良, William N. Blair)은 평양 선교지부에 속해 활동하였는데, 내한한 그 해부터 배위량의 부탁으로 숭실학교에서 음악을 가르쳤다"[30)]라는 기록이 있는 것으로 보아 1901년 이후에도 음악교육은 지속되었다는 사실을 뒷받침 해 주고 있다.

---

27) 김인식이 1954년부터 쓰기 시작 한 자전적 일기 중 일부. 박은경, 「한국 최초의 작곡가 김인식 연구」, 『음악과 민족』통권 제19호, 2000년의 16-18쪽에서 재인용.

28) 위의 글, 15쪽.

29) 위의 글, 18쪽.

30) 숭실대학교 100년사 편찬위원회, 『숭실대학교 100년사-평양숭실편-』, 83쪽.

그런 한편 대학과정이 생긴 후에도 중학교와 대학교에서 모두 음악교육이 실시되었다. 중학교의 경우 1909년에서 1910년의 실시된 교과과정표를 보면 1학년부터 4학년까지 4개학년 가운데 3학년을 제외하고는 모두 주 1시간의 음악과목이 있었고 '가창교육'을 실시하였다.[31] 그런데 아쉽게도 『숭실대학교 100년사』에는 더 이상 중학교 음악교육에 관한 기록이 없다. 대학교육에 치중하여 기록을 하였기 때문이다. 따라서 1911년 이후의 중학교 음악교육은 당시 재학했던 사람들의 증언이나 각종 문헌을 통해 재구성 할 수 밖에 없다.

『숭실대학 100년사』에 의하면, 1915년에 발행한 『숭실학보』 제1호를 근거로 김인환과 박윤근을 숭실중학 교사로 소개하고 있다.[32] 그리고 차재일이 1932년 10월 10일 숭실학교 창립 35주년 기념식에서 10년 근속 직원 표창을 받은 것[33]으로 보아 1922년부터 숭실중학에서 음악을 가르친 것으로 보인다. 또한 김동진의 증언에 따르면 숭실중학 재학 시절 음악교사가 차재일이었다고 하는데, 김동진은 1927년부터 1932년까지 숭실중학을 다녔다. 이런 자료와 증언을 종합해 보면 숭실중학의 음악교육은 문을 닫을 때까지 계속된 것으로 보인다. 다만 교과내용과 시수, 교과서, 교과목표 등과 관련된 자료들이 아직 발굴되지 않아 구체적인 교육 내용을 모를 뿐이다.

3) 숭실대학 및 숭실전문학교의 음악교육

우리나라 대학 교육 역사에 있어서 '음악'을 정규 교과목으로 개설한 대학은 숭실대학이 최초이다. 이후 1910년 이화학당에 대학과가 설치됐을 당시 일반 교양과목으로 음악과목을 개설하였지만 숭실대학의 뒤를 이어 두 번째이다.

---

31) 위의 책, 92쪽.

32) 위의 책, 299쪽.

33) 『동아일보』, 1932년 10월 12일.

숭실대학에서는 음악교과목을 필수과목으로 지정했는데, 대학교육에서 음악을 선택과목이 아니라 필수과목으로 지정한 예는 오늘날에도 거의 찾아볼 수 없다. 그만큼 숭실대학의 교과과정은 파격적인 것이었다.

먼저 1909년에서 1910년의 실시된 교과과정표를 보면 4년의 교과과정 내에 1학년에 주 1시간의 음악과목을 배정하였다.[34] 그런데 2년 후인 1912년에서 1913년 사이의 교과과정을 보면 1학년부터 4학년까지의 모든 과정에 주당 2시간의 음악수업이 행해졌다.[35] 획기적으로 확대를 시킨 것이다.

대학 시대인 1905년 9월부터 1925년 3월까지 동 대학에서 전임교수로 음악을 가르친 사람은 마우리(牟義理, Eli. M. Mowry), 스미스(Walter Everett Smith, 沈翊舜), 소일도(蘇逸道, David. L. Soltau) 등이었다.

1924년 전문학교가 된 이후에도 음악 교과는 계속되었다. 전문학교 초기인 1926년의 교과과정을 살펴보면 다음과 같다.

> 성경, 수신, 일본어, 일본문학, 한문학, 문학개론, 영어, 영문학, 역사, 사회학, 심리학, 윤리학, 논리학, 교육학, 법제 및 경제, 철학, 생물학, 천문학, 정치학, 음악, 체육[36]

10년 후인 1934년의 숭실전문학교 교과과정에도 음악교목이 포함되어 있다.

> 성경, 수신, 국어, 국문학, 한문학, 조선어, 문학개론, 영어, 영문해석, 동양사, 서양사, 논리학, 심리학, 윤리학, 동양철학, 철학사, 사회학, 교육심리학,

34) 위의 책, 147쪽.

35) 위의 책, 148쪽.

36) 위의 책. 292쪽. 1926년 조선총독부 학무국에서 편찬한 『조선교육요람』에 나오는 내용을 『숭실대학교 100년사-평양숭실편-』에서 인용한 것임.

교수법, 경제원론, 법학통론, 정치학, 생물학, 천문학, 영국문학사, 미국문학사, 음악, 체조[37)]

그 후 일제의 탄압으로 1938년 3월 학교가 문을 닫을 때까지도 음악 담당 교수 및 강사가 재직하고 있었던 것으로 미루어 보아 음악교육은 끝까지 이루어졌던 것으로 보인다. 전문학교 시대인 1925년부터 1938년까지 전임교수로 음악을 가르친 사람은 박윤근과 말스베리(馬斗元, Dwight R. Malsbary)가 있었고, 강사로는 박태준이 있었기 때문이다.

4) 숭실학교 음악교육의 특징과 의미

숭실학당, 숭실중학교, 숭실대학, 숭실전문학교 등 숭실학교에서 실시한 음악교육의 특징 및 의미로는, 첫째 서양음악이 불모지였던 상태에서 시작했다는 점, 둘째 서울이 아니라 지방 그것도 대부분 서양음악을 전혀 경험해보지 못한 학생들을 대상으로 했다는 점, 셋째 서양음악을 배운 한국인이 아니라 서양 사람이 직접 서양음악을 가르쳤다는 점, 넷째 그 서양 사람이란 다름 아닌 기독교 선교사 또는 선교사 부인이었다는 점, 다섯째 교육 내용은 찬송가 등 기독교 교회 음악이 주를 이루었지만 차츰 기악교육으로까지 확대가 되었다는 점, 여섯째 선교음악의 특징을 가지고 있었다는 점, 즉 음악을 통하여 기독교 정신 함양시켰고 또 음악을 기독교 선교의 효과적인 도구로 활용했다는 점, 일곱째 초기에는 음악 전공자가 아닌 사람이 음악교육을 담당을 하였다가 점차 음악 전공자로 바뀌었다는 점, 여덟째 숭실학당의 음악교육은 지방에서 처음 실시된 음악교육이라는 의미를 가지고 있다는 점, 아홉째 숭실대학의 음악교육은 대학음악 교육의 효시라는 의미를 가지고 있다는 점, 열째 학생들로 하여금 음악을 통하여 신앙심뿐만 아니라 애

---

37) 위의 책, 292쪽.

국사상을 비롯하여 자주독립의 정신과 자유민권사상을 불러일으키게 했다는 점 등을 들 수 있다.

승실학교의 음악교육은 학교음악교육의 특징인 체계성을 갖추고 있었으며, 다중성과 지속성 등을 속성으로 하고 있었기 때문에 그 효과가 클 수밖에 없었다. 그리고 기독교 신자 학생들을 대상으로 했기 때문에 종교적인 열기와 힘까지 가해졌다. 그 결과 1세대 전문음악가를 대거 낳게 하였다. 다시 말해 연주, 작곡, 평론, 교육, 지휘, 교회음악 등 음악의 거의 전 분야에 걸쳐 한국근대음악의 개척자를 대량으로 배출시킨 것이다.

4. 숭실학교의 음악활동

1) 1900년대 음악활동

한국근현대음악사에서 숭실학교와 관련된 음악 행위가 주목을 받기 시작한 것은 1905년부터이다. 이 해 김인식은 숭실중학에 재학 중이었는데 〈학도가〉라는 노래를 만들어 발표를 하였다. 이 노래는 한국창작음악의 효시라는 의미를 가지고 있으며, 이로 말미암아 김인식은 한국 최초의 작곡가가 된다. 다시 말해 한국의 창작음악 역사는 1905년 숭실중학 학생인 김인식이 작곡한 〈학도가〉로부터 시작한 것이다. 〈학도가〉는 학생들에게 학업을 장려하는 내용의 노래로 8마디로 만들어진 간단한 노래이며 모두 10절로 되어 있는데, 그 1절 가사를 소개하면 다음과 같다.[38)]

학도야 학도야 저기 청산바라 보게
고목은 썩어지고 영목은 소생하네
〈학도가〉

〈학도가〉는 "평양 西門밖 소학교에서 연합운동회가 열렸을 때 부르기 위하여 만든 것"이라고 한다.[39)] 이후 김인식은 한국 최초의 작곡가인 동시에 한국 최초의 음악교사로 활동을 하면서 한국근대음악 발전에 많은 공헌을 하였다.[40)]

그런 한편 "그래함 리(Graham Lee) 선교사가 숭실학당에서 창가와 나팔을 교육한 이래, 조직한 숭실나팔대가 지방교회와 그 학교들을 순회하며 나팔

38) 악보는 '부록 악보 1' 참조.

39) 이유선, 『한국양악백년사』, 114쪽.

40) 김인식의 구체적인 음악 활동 및 업적에 관해서는 '7. 숭실학교 출신의 음악가' 참조.

대 강습을 하였다. 당시 나팔대와 병식훈련은 구국운동의 상징이었다."[41]라는 기록이 있다. 이 기록의 진위여부는 좀 더 확인이 필요하다. 아직까지 그것을 뒷받침할 직접 증거가 발견되지 않았기 때문이다. 그런데 이 기록이 사실이라면 이것은 한국음악사에 기록될 중요한 음악사적 사건에 해당된다. 그동안 한국의 관악은 신식군악대인 양악대에서 비롯되었고 알려졌는데, 숭실에서의 관악교육을 했다는 것이 사실로 판명이 나면, 우리나라의 관악은 양악대와 숭실학교 두 곳에서 비롯되었다고 수정이 되어야 할 것이다. 양악대는 1901년부터 시작되었는데, 숭실학당의 관악교육은 1900년 전후로 거의 같은 시기에 해당하기 때문이다. 그리고 숭실학당의 나팔대는 최초의 민간 나팔대라는 의미를 가지게 되며, 더구나 숭실나팔대가 지방교회와 그 학교들을 순회하며 나팔대 강습을 하였다고 하니 이 역시 이른바 '숭실음악'의 최초의 사회 진출이라는 의미를 갖게 된다.

2) 1910년대 음악활동

1910년대는 숭실대학에서 졸업생들이 배출되기 시작한 시기이다. 당시 졸업식 프로그램을 보면 대학 행사에서 음악을 얼마나 중요시 했냐라는 사실을 상징적으로 볼 수 있다. 그리고 그 음악적 수준이 어떠했는지 짐작해 볼 수 있다. 다음은 1913년 6월 11일에 거행한 숭실대학교 제4회 졸업식 프로그램이다.[42]

1. 제5장 합창
2. 주악(奏樂) 박윤근
3. 기도 원두우 목사

41) 문화콘텐츠닷컴, 「문화원형백과 한국근대의 음악」, 숭실나팔대의 지방교회 학교 나팔대 강습(1906), 한국콘텐츠진흥원, 2004.

42) 『예수교 회보』, 1913년 6월 24일.

4. 성경 전살5장

5. 찬송 대학생 4인 병창

6. 연설(인류생활의 목적 졸업생 변성옥)

7. 연설(인생의 모순과 조화 졸업생 오천경)

8. 찬송 대학생 일동

9. 연설(생각의 시대 졸업생 장신국)

10. 졸업장 수여(교장 배목사)

11. 찬송과 축복

모두 11개 중 6개가 음악이다. 그만큼 음악을 중요시한 것이다. 그런데 이 내용만 가지고 어떤 곡이 어떤 방식으로 불렸고, 또 어떤 악기가 연주되었는지 확실하지 않지만, 음악적인 면에서 적어도 다음 몇 가지 의미 있는 사실을 추출할 수 있다.

여기서 말하는 제5장이란 『찬숑가』의 제5장인 〈찬숑ᄒᆞᄂᆞᆫ소ᄅᆡ잇서〉[43]이다. 당시 숭실대학에서는 『찬숑가』라는 찬송가집을 사용하였기 때문이다. 이곡을 '합창'했다고 하는데, 오늘날과 같이 여러 성부를 여러 사람이 노래하는 방식이라는 의미에서의 합창인지, 여럿이 한 성부를 노래하는 방식인 '제창'인지 확실하지 않지만, 오늘날과 같은 의미에서의 합창이라고 한다면 그 음악적 수준도 꽤 높았을 것이라는 추측이 가능하다. 또한 '주악'을 박윤근이 맡았는데, 여기서 말하는 '주악'이란 악기 연주를 뜻하며 오르간이나 피아노 또는 바이올린이다. 1913년 당시 숭실대학에 재학 중이었던 박윤근은 이 세 악기를 모두 연주할 수 있었기 때문이다.[44] '4인 병창'이란 '4

43) 현행찬송가 제 19장 〈찬송하는 소리있어〉.

44) 노동은에 의하면 이때 '피아노'를 연주했다고 한다. 노동은. 「1910년대 기독교계 학교의 음악교육과 그 영향」, 『한국기독교와 역사』 제20호, 2004년 3월. 92쪽 참조. 박윤근은 이후 숭실학교의 주요 행사에서 주로 바이올린 독주를 하였다.

인 중창'을 말하는 것 같고, '찬송 대학생 일동'이란 제창을 의미한다. 특이한 것은 음악을 담당한 사람 모두가 학생들이었다는 점이다. 즉, 학생들이 독주, 중창, 제창, 합창 등 다양한 방식으로 연주를 했을 정도로 음악 수준이 높았던 것이다. 이때까지만 해도 졸업식에서 음악연주를 하는 정도였지만, 몇 년 후에는 아예 졸업행사의 하나로 음악회를 개최하는 수준으로 발전을 하게 된다.

이 무렵 '숭실학교 음악사'뿐만 아니라 '한국근대음악사'에 커다란 영향을 준 음악적 토대가 만들어진다. 마우리박사 부부의 열성어린 음악교육으로 인해 1913년 '합창단'이 조직되었고, 1916년에는 밴드부가 창설이 된 것이다. 1920년 숭실중학에 편입하여 중학생 신분으로 숭실대학밴드부원으로 활동했고, 1927년 숭실전문학교 졸업 때가지 음악대원, 음악전도단원 등으로 활동했던 김세형은 이에 관해 다음과 같이 회고를 하고 있다.

> *마우리박사는 교회 내 찬양대 합창의 실력을 높였고, 다음으로 숭실대학에 남성합창대를 조직하였던 것이다. 그러므로 숭대의 합창대는 실력도 아주 높아서 상당히 어려운 곡도 잘 부를 수가 있었다. 숭대합창대에서는 외국의 좋은 합창곡을 많이 번역하여 부르고 또 외국 곡에 우리말 가사도 많이 부쳐 불렀다. 그래서 지금도 그 당시에 사용하던 합창곡을 그대로 쓰는 것을 볼 수 가 있다.*
>
> *숭실대학의 합창대를 조직한 후에 마우리박사는 밴드부를 조직하였다. 서울에 이왕직밴드기 있었지만, 학교의 밴드로는 처음이었다. 밴드부를 조직함으로써 목관악기와 금관악기의 발전을 가져왔다. 동시에 현악기 중에서도 그 당시에는 바이올린 악기가 많이 진보하여 자연히 관현악단의 조직까지로도 발전하였다.*[45]

45) 김세형, 「韓國에서 西洋音樂의 藝術化發展과 마우리 博士」, 『예술원보』11호 1967년 12월. 18쪽.

숭실대학 합창단과 밴드부는 그 자체만으로도 학교 합창과 학교 밴드의 효시라는 의미를 가지고 있지만, 이후 한국음악을 이끌어 갈 음악인재를 대량으로 배출하였다는데 더 큰 중요성을 가지고 있다. 그리고 교내 활동에만 머물지 않고 전국 각지를 돌면서 음악회와 음악강습회를 개최하고 음악전도대 역할을 하는 등 활발한 활동을 하였다. 그 대표적인 예로 1917년 1월 3일에서 1월 15일까지 개최된 전국순회음악회를 들 수 있는데, 당시 『매일신보』는 숭실대학 음악대의 소식을 다음과 같이 전하고 있다.

> *숭실대학 교원생도 약 20여 명으로 음악대를 조직하고 오랫동안 음악을 연습하였는데 근래에 그 기예가 숙달되었으므로 이를 조선 각 도시에 파견하여 음악회를 개최하게 되었는데 그 방문할 곳은 경성, 군산, 광주, 전주, 목포, 대구, 마산, 선천 등이오*[46]

또한 『기독신보』도 다음과 같은 보도를 하였다.

> *숭실음악대 여행*
>
> *평양 숭실대학교 음악대 일행 22인이 본월 3일에 발정하여 경성, 군산, 광주, 목포, 전주, 대구, 마산, 선천 등지에 여행하고 동월 15일에 평양으로 돌아왔는데 가는 곳마다 갈채의 대환영을 받았다니 하나님께 영광을 돌리노라.*[47]

이 음악회는 1월 4일 경성을 시작으로 군산, 광주, 목포, 전주, 대구, 마산, 선천 등지에서 개최가 되었는데, 경성에서도 "내외국 신사 학생 5~6백 명이 모였으며 독창, 합창, 피아노, 사현금,[48] 등 여러 가지 재미있는 연주

46) 『매일신보』, 1917년 1월 1일.

47) 『기독신보』, 1917년 1월 31일.

48) 바이올린.

가 있어 성황리에 폐회되었다"[49]는 좋은 평가를 받았고, 『기독신보』가 보도한 것처럼 "가는 곳마다 갈채와 대환영"을 받았다. 또한 같은 해 여름방학에는 어려움에 처해 있었던 황해도 황주읍 양성학교(養成學校)에 숭실대학 음악대를 파견하여 음악을 통해 마음을 갱생시키는 등 학교를 크게 발전시키기도 하였다.[50]

숭실대학음악대의 전국순회공연과 지방에서의 활동은, 학교의 입장에서 보면 학교의 이름을 알리는 효과가 있었지만 그것보다 더 큰 효과는 전국 각지에서 많은 인재들을 숭실학교로 모이게 했다는 데 있을 것이다. 실제로 음악에 재능이 있는 여러 학생들이 음악을 공부하기 위하여 서울이 아닌 평양의 숭실로 진학을 하였다.

그런 한편 1919년 숭실대학의 합창단과 밴드부는 독립만세운동에 앞장을 서기도 했는데, 이에 관해 김세형은 다음과 같이 회고를 하였다.

> *숭실대학의 합창대와 밴드부가 생긴 후, 기미년 3월 1일에 독립선언이 있자 회장에서 대한독립만세를 부르며 시가로 쏟아져 나올 때에 숭실밴드가 선두로 걸어나가면 애국가를 연주하자 민중들을 흥분케 하였고 항일투쟁의 결심을 굳게하여 준 것은 물론이고 3·1운동 다음해부터 3년 동안에 숭실음악전도단을 조직하여 전국각지로 3차에 걸여 순회하면서 민족계몽운동을 일으켰던 것이다.*[51]

이와 같이 숭실대학의 합창단과 밴드부는 교내 활동에 머물러 있지 않고, 전국 각지를 돌면서 음악보급 활동 및 선교 활동을 전개하였다. 그리고 20년대 본격적으로 활동할 숭실음악전도대를 예비하고 있었다.

---

49) 『매일신보』, 1917년 1월 7일.

50) 숭실대학교 100년사 편찬위원회, 『숭실대학교 100년사-평양숭실편-』, 225쪽.

51) 김세형, 「韓國에서 西洋音樂의 藝術化發展과 마우리 博士」, 18-19쪽.

3) 1920년대 음악활동

① 1920년

1920년 '숭실음악전도대'가 조직되었다. 동 단체는 음악보급운동과 기독교선교 그리고 애국계몽운동에 앞장을 섰다. 숭실음악전도대는 이미 조직된 '숭실전도대'에 합류하여 활동하기도 하였고, 또 독자적으로 음악회를 개최하는 등의 활동을 하기도 하였다. '음악'을 동반한 전도대의 활동은 1920년 6월부터 확인이 된다.

> *음악전도대 내원(來元)*
>
> *평양숭실대학졸업생으로 성립된 음악전도대는 지난 19일 오전 11시 열차로 원산에 도착했다. 당일부터 3일간 광석동 장로교 예배당 안에서 행하는 바 매일 만장의 대성황을 이루었다.*[52)]

원산을 시작으로 6월 19일부터 7월 말까지 약 한 달 반에 걸쳐 한반도 북녘 지역에서 음악전대활동을 전개했다. 원산에 이어 6월 24일에는 영흥에서 수 천명이 모인 가운데 음악회와 금주(禁酒)를 주제로 한 연설회 등을 대성황리에 개최하였고[53)], 6월 26일에는 함흥에서 5·6천명이 모인 가운데 음악전도를 행하였는데, 특히 차재일의 독창이 청중들에게 많은 감동을 주었다고 한다.[54)] 6월 29일에는 정주에서 1,500여 명에 달하는 청중이 모인 가운데, 7,8종의 음악을 갈채리에 연주하였고[55)], 7월 4일부터 3일간 홍원(洪原)에서 우천임에도 불구 매일 3 · 4,000여 명의 청중이 모인 가운데 성황리에 개

52) 『동아일보』, 1920년 6월 23일.
53) 『동아일보』, 1920년 6월 30일.
54) 『동아일보』, 1920년 7월 1일.
55) 『동아일보』, 1920년 7월 6일.

최되었다.[56] 7월 15일에는 이원에서 3,000여 명의 군중이 모인 가운데 개최하였고[57], 7월 18일부터 3일간은 단청에서 수천군중 모인 가운데 진행이 되었으며, 이 전도대회에서는 '음악대연회'도 개최하였다.[58] 그리고 7월 29일과 30일에는 청진에서 개최가 되었다.[59]

숭실음악전도대는 함경도 전역을 순회하는 본대 이외에도 요청에 따라 별도의 음악대를 운영하였다. 『숭실대학교 100년사』에 의하면, 신의주 교회의 청에 의하여 별도의 음악대를 조직하여 전도·계몽활동에 나서기도 하였고, 7월 21일 성진 보신여학교에서 개최된 전도회에서는 〈주악과 백구생활〉 합창을 비롯하여 위혜진의 〈독창과 바이올린 급 조선곡(朝鮮曲)〉 연주, 사부합창 〈생명줄 던져라〉 등의 연주가 있었다. 그리고 7월 31일과 8월 31일 길주와 명산의 전도회에서는 청중이 약 1만여 명이 운집한 가운데 숭실학교 교가를 비롯하여 차재일의 독창 〈성산(聖山)으로 향하여 가자〉 등으로 청중의 심금을 울렸다.[60]

이 무렵 숭실밴드부는 교내활동과 전도 활동뿐만 아니라 각종 음악회에 출연하는 등 서양음악 보급에도 앞장을 섰다. 1920년의 대표적인 음악활동으로는 동년 6월 8일 장대현예배당에서 개최된 '평양청년전도회 6주년 기념음악회'를 들 수 있다. 독창과 중창과 관악 연주 등으로 다양하게 구성된 이 음악회에서 숭실의 밴드부는 시작과 마지막을 관악연주로 장식하였는데, 많은 청중을 감동시켰을 뿐만 아니라 "웅장한 기상을 환기하였다"는 평을 받기도 하였다.[61] 이 음악회에서는 특이하게도 강규찬 목사의 음악에 대한 연설

56) 『동아일보』, 1920년 7월 13일.

57) 『동아일보』, 1920년 7월 26일.

58) 『동아일보』, 1920년 7월 30일.

59) 『동아일보』, 1920년 8월 14일.

60) 숭실대학교 100년사 편찬위원회, 『숭실대학교 100년사-평양숭실편-』, 216-217쪽.

61) 『동아일보』, 1920년 6월 13일.

이 있었다. "음악은 민족의 성쇠에 중대한 관계가 있으니 고상한 음악은 사회의 정신을 고취하되 비비(鄙卑)한 음악은 성품을 하열(下劣)케 하여 지기(志氣)를 타락하는 것이다"라는 내용이다. 당시 사람들은 음악이 곧 민족의 흥망성쇠와 관련이 있다고 생각한 것이다.

② 1921년

1921년 숭실음악전도대의 활동은 영남지방과 제주지역 및 전라도지역으로 이어졌다. 영남지방은 주로 경상남북도에 거주하는 학생들로 조직이 된 '교남학생전도대'(嶠南學生傳道隊)가 활동을 하였으며, 제주지역과 전라도지역은 종교부학생들로 조직이 된 '숭대학생전도대'(崇大學生傳道隊)가 활동을 하였다. 이들은 여름방학을 맞이하여 약 1개월간 강연과 음악으로 전도활동을 하였다.

교남학생전도대는 6월 24일 대구를 시작으로 전개를 하였는데, 당시 신문을 통해 음악구성의 면면을 다소 알 수 있다.

> *교남음악대연주회*
>
> *평양숭실대학재학생으로 조직한 교남학회음악대에서는 하계휴가로 귀향의 도중에 대구 남성정 예배당 내에서 지난 25일 오후 9시 음악연주회를 개최하였는데 찬송가 224장의 합창으로써 개회하고 대장 양재연 군의 음악에 대한 간단한 설명이 대원 4인의 관현 주악과 당지 견갑연 양의 독창 및 이상호 군의 바이올린 독주와 대원 박태준 군의 조선노래 독창, 대원 4인 합창으로써 제1부를 끝내고, 잠시 휴식한 후 제2부 견갑연 양 외3인 여자의 합창과 대원 박태준 군의 풍금독주 및 여자 2인의 합창, 바이올린 독주, 4인 합창이 있은 후, 박목사의 기도로써 수천여명의 박수소리에 오후 11시에 끝났다더라.*[62]

62) 『동아일보』, 1921년 6월 28일.

즉, 음악연주회가 2시간가량 진행이 되었으며, 독창 및 2인 중창[63), 3인 중창, 4인 중창, 제창, 바이올린 독주, 풍금독주, 관현악 앙상블 그리고 음악 해설 등 다채롭게 구성되었음을 알 수 있다. 이어 7월 2일과 3일은 안동, 7월 4일인 예천, 7월 5일은 상주, 7월 14일은 동래, 7월 16일과 17일은 김해, 7월 22과 23일은 통영 등에서 음악전도 활동을 하였다. 교남학생전도대에서 음악을 담당한 악사(樂師)는 박태준, 권영화, 현제명, 김재범 등이었다.

또한 숭대학생전도대(崇大學生傳道隊)는 약 3주간의 일정으로 제주도 일대 및 나주와 재령에서 음악전도활동을 전개하였다. 이때 악사로는 박경호, 박기복, 김영근 등이 참여를 하였다.

이 해 숭실학교의 음악전도활동은 만주지역으로까지 확대가 되었다. 겨울방학을 이용하여 박윤근, 현제명 등이 멀리 중국 만주지역의 동포들에게 음악을 통하여 복음을 전하고 애국심을 고취시켰다.

그런 한편 음악전도활동 외에도 숭실음악대는 고학생을 위한 '자선음악회'와 졸업생을 위한 '축하음악회', 여러 곳에서 초청 받은 '초청음악회' 그리고 저명음악가를 초빙한 '특별연주회' 등을 개최하기도 하였다.

그 대표적인 예로, 2월 24일에는 학비를 충당하기 위해 하루 반나절 아르바이트에 매달려야만 했던 고학생을 돕기 위한 '자선음악회'를 개최하였고[64), 3월 21일에는 재학생들 주최로 숭실대학 졸업축하음악회를 개최하여 청중들로부터 많은 박수와 함께 비상한 흥미를 끌게 하였으며[65), 4월 8일과 9일에는 진남포에서 숭실밴드부를 초청하여 음악회를 개최하였다. 그리고 미국인 음악가 루츠 부인(Mrs. Lutz)을 초빙하여 특별음악회를 개최하

63) 신문기사에서는 2인 합창, 4인 합창 등으로 표현했는데, 여기서 말하는 합창이란 중창을 의미한다. 그리고 찬송가 합창이란 찬송가 제창을 의미한다.

64) 『동아일보』, 1921년 2월 28일.

65) 『동아일보』, 1921년 3월 26일.

기도 하였다.[66]

③ 1922년

1922년에도 숭실음악전도대의 활동이 계속 이어졌다. 그런 가운데 '자선음악회', '축하음악회', '초청음악회', '특별연주회' 등을 다양하게 개최하였고, 또 미국 유학에서 돌아 온 박윤근이 합류를 하면서 본격적인 음악활동 및 음악회를 전개하였다.

1922년에 개최된 대표적인 음악회로는 동년 2월 6일 평양 산정현(山亭峴)교회 청년전도대가 주최한 '평양음악대회'를 들 수 있다. 수많은 관중이 모인 가운데 열광적인 환호를 받은 이 음악회의 구성과 출연진은 다음과 같다.[67]

제1부 1. 피아노 연탄: 박경호, 독고선
2. 음영행진곡(陰影行進曲): 루츠 부인
3. 바이올린 독주: 박윤근
4. 2인 중창: 루츠 부인
5. 4인 중창: 숭대 쿼르텟단
6. 양악: 숭대 양악대

제2부 1. 피아노 독주: 솔토 부인
2. 2인 중창: 차재일, 이인선
3. 피아노 연탄: 솔토 부인, 찐로펏 양
4. 독창: 루츠 부인
5. 바이올린합주: 박윤근, 박경호[68]

---

66) 숭실대학교 100년사 편찬위원회, 『숭실대학교 100년사-평양숭실편-』, 227쪽.

67) 『동아일보』, 1922년 2월 11일.

68) 여기서 말하는 합주란 바이올린 독주와 피아노 반주를 의미하는 것 같다. 박경호가 바이올리니스트가 아니라 피아니스트이기 때문이다.

출연진 중 루츠 부인, 솔토 부인, 찐로펏 양 등 서양 여성을 제외하고는 모두 숭실학교 졸업생과 재학생들이다. 학교 행사가 아니고 초청 행사임에도 불구하고 출연진 대부분이 숭실인이었다는 점은 숭실음악의 위상을 그만큼 잘 나타내 주고 있는 예라고 생각된다.

같은 해 6월 20일에는 음악부 주최로 '숭대음악대연주회'를 개최하였다. 이 음악회의 특기할만한 점은 "숭실대학 글리클럽(glee club)이 최근 '그랜드오레라'를 연주했다는 것과 관현악대의 주악"[69]이다. 글리클럽이란 예술적인 합창곡을 노래하는 학생 합창단을 의미하며, 이 무렵부터 숭실합창단은 찬송가를 부르는 수준을 넘어 예술적은 합창곡을 부르는 수준에 도달한 것으로 보인다. 그리고 "그랜드오레라를 연주했다는 것"은 유명 오페라에 나오는 합창곡을 연주했다는 뜻으로 해석되어야 할 것이다. 또한 "관현악대의 주악"이 있는 것으로 보아 관악기 중심의 밴드부 수준에서 현악기가 가세한 초보적인 오케스트라의 단계로까지 발전했다는 것을 알 수 있다.

1922년도의 또 다른 특징 중의 하나는 '초청음악회'가 많아졌다는 점이다. 평양은 물론이고 원산, 안악 등 다른 지방까지도 숭실음악대를 초청하여 연주회를 개최하였다. 학생음악대였지만 전문 음악 단체의 역할을 한 것이다.

④ 1923년

1923년도에도 초청연주회가 이어져 1월 28일에는 평안남도 용강군에 있는 갈현리 교회로부터 초청을 받아 음악 연주를 가졌다.[70] 그리고 2월 2일에는 숭실대학 학생기독교육청년회 주최로 '빈민구제자선음악대회'를 성대하게 개최하였다. 숭실관악대의 관악합주로 시작으로 10여곡이 연주되었으며, 입장수입과 모금한 금액 전액을 빈민구제에 사용하였다.[71]

---

69) 『동아일보』, 1922년 6월 20일.

70) 『동아일보』, 1923년 2월 6일.

71) 『동아일보』, 1923년 2월 10일.

여름방학을 맞아서는 숭실음악전도단이 숙천읍 등지에서 음악강연회를 개최하였다.[72] 그리고 7월 27일에는 음악회를 개최하였는데, 대성황을 이뤄 다음날 앙코르 공연으로 이어졌다. 이 음악회에는 소프라노 윤심덕이 찬조 출연을 하여 화제를 불러일으키기도 하였다.[73]

10월 9일에는 당시 '소년 음악가'로 이름을 떨치고 있었던 숭실 출신의 바이올리니스트 계정식의 유학기념 송별음악회가 있었다. 특이하게도 1차 송별음악회에 이어 학생들의 요청에 의해 2차 송별음악회가 열렸다.[74]

10월 20일에는 조선학생회 주최로, 종로중앙청년회관에서 '전선남녀전문학교(全鮮男女專門學校) 연합음악대회'가 개최되었다. 숭실전문학교를 비롯하여 7개교가 참가한[75] 이 행사에서는 합창, 피아노 독주, 피아노 연탄, 만돌린 독주와 함께 우리나라 가곡이 연주되었다. 이 해 주목할 만한 음악행사로는 10월 23일에 열린 '숭실중학동창기념음악회'를 꼽을 수 있다. 동창회창립2주년 기념으로 개최가 되었는데, 이 음악회는 특이하게도 안익태의 찬송가 독창으로 시작이 되었고, 또 첼리스트로 알려진 안익태가 바이올린을 연주했다. 첼로에 앞서 바이올린 공부를 했다는 것을 알 수 있게 해주는 음악회였다. 안익태의 연주 이외에도 이 음악회에서는 숭대음악대의 주악, 2인 중창, 4인 중창, 박경호와 현제명의 피아노 연주, 숭실찬양대의 4부합창, 차재일 독창, 김동중 바이올린 독주 등이 있었다.[76]

⑤ 1924년

1924년 2월 2일에는 숭실대학 학생기독청년회 주최로 대음악회를 개최하

---

72) 『동아일보』, 1923년 7월 27일.

73) 『동아일보』, 1923년 7월 30일.

74) 『동아일보』, 1923년 10월 7일.

75) 『동아일보』, 1923년 10월 20일.

76) 『동아일보』, 1923년 10월 27일.

였다. 이 음악회는 일본 동경 대지진 때에 소각된 동경의 조선기독청년회관 신축기금을 모으기 위한 것이었다.[77] 숭실악대의 〈할렐루야〉 연주와 차재일의 독창이 주목을 받았고, 입장수입과 모금수입은 전액 조선기독청년회관 신축기금으로 사용되었다.

11월에는 숭실대학 학생기독청년회 주최로 '기근구제 음악회'를 개최하였다. 이 음악회는 300만이나 되는 많은 동포가 먹을 것과 입을 것을 잃고 길거리에 방황하며 죽음의 길을 헤매는 실로 참혹한 정경을 차마 보다 못하여, 숭실대학 학생 일동이 이 참혹한 지경에 빠져 있는 동포들을 구제하기 위한 목적으로 기획이 된 것이다. 박윤근, 차재일, 김세형, 이인선, 배민수(裵敏洙), 김성전(金聖全) 등과 정의유치원아(鼎義幼稚園兒)를 비롯하여 남녀악사 50명이 출연하여 일대 성황을 이루었다고 한다.[78]

이렇듯 1924년도에는 나라의 안팎에서 고통을 받고 있는 동포들을 돕기 위한 뜻 깊은 음악회가 개최된 것이다.

⑥ 1925년

1925년은 숭실대학이 일제의 강압으로 인해 숭실전문학교로 개편된 해이다. 학교가 어려웠던 때라서 그런지 음악활동의 모습은 특별히 보이지 않는다. 다만, 박윤근을 비롯하여, 현제명, 박경호, 차재일 등 숭실출신의 음악가들이 전국 여러 곳에서 초청을 받아 연주를 하는 등 활발한 활동을 하였다.

⑦ 1926년

전문학교로 개편된 후에도 음악전도활동을 끊임없이 계속되었다. 하기전도는 조치원을 시작으로 청주, 묵방, 괴산, 미원, 보은, 청산, 영동, 이원, 옥

77) 『동아일보』, 1924년 2월 8일.

78) 숭실대학교 100년사 편찬위원회, 『숭실대학교 100년사-평양숭실편-』, 229쪽.

천 등 충청도 일대에서 전개가 되었는데, 이때 악사로는 후에 한국을 대표하는 작곡가가 된 김세형을 비롯하여, 유계문, 김효근, 김인석이 활동하였다.

이 해에 있었던 주요 음악 활동으로는, 1926년 9월 30일 중앙기독교청년회가 주최한 '대음악회'와 11월 19일 근화(槿花)여학교 주최 음악회에서 초청을 받은 것을 들 수 있다. 두 음악회 모두 서울에서 개최되었는데, 당시 신문을 보면 전자의 경우 "현재 조선악단에 남성독창가로 첫손가락 꼽는 평양 숭실대학교 교유(教諭) 차재일 씨도 당야에 출연"[79]한다고 보도하였다. 그리고 후자의 경우도 "음악계 일류를 망라", "얼마 전 열광적 환영을 받은 평양 차재일 씨를 비롯하여"[80]라는 표현과 함께 숭전합창대 글리클럽, 숭전음악대, 피아노 박경호 등이 출연한다고 보도하고 있다. 모두 숭실 재학생과 졸업생들로, 숭실음악이 중앙무대에서도 얼마만큼 인정을 받고 있는지를 잘 알 수 있게 해 주는 보도이다.

⑧ 1927년

음악적으로 괄목할 만한 성장을 한 숭실전문학교음악대는 1927년 새로운 도전을 한다. 전국순회연주회를 개최한 것이다. 그리고 새로운 결실을 맺게 되는데, 그것은 현제명이 미국 콩쿠르에서 1등을 한 것이다.

순회연주회는 전국의 학생들에게 음악을 장려한다는 목적을 가지고 있었다. 2월 12일 개성을 시작으로 '신춘음악대회'라는 이름으로 개최하였으며, 가는 곳마다 대성황을 이루었다. 2월 14일에는 경성에서 개최하였는데, 당시 신문에서는 '평양의 자랑 숭전음악회'란 제목으로 다음과 같이 보도하였다.

---

79) 『동아일보』, 1926년 9월 25일.

80) 『동아일보』, 1926년 11월 17일.

평양에 있는 숭실전문학교 음악부에서는 오직 동교의 큰 자랑인 음악기술을 금수강산인 평양에서만 연주하게 됨을 유감으로 여기고 여러 해 전부터 경성에서 음악회를 열고저 계획 중이든 바 이번 졸업기를 앞에 두고 본사 후원 아래 오는 심사일 오후 칠시부터 종로 청년회관에서 숭전음악회를 열게 되었는데 출연할 악사는 동교의 '글리클럽(合唱隊)'의 합창을 주로 삼고 고성음악가로 평판이 높은 차재일씨와 평양 소녀 '소프라노'로 정평있는 김유성(金有聖)양의 독창 외에 유명한 악가의 조연도 있을 터임으로 금수강산에서 곱게 자란 음악가의 '멜로디'는 응당 경성인사의 귀를 기울이게 하고도 남을터.[81]

경성에서 개최된 이 음악회는 대성황을 이루었고, "장내에는 오르며 나리는 멜로디에 미지의 낙원을 연상하듯"하였으며, 끝날 때마다 "재청의 박수가 끊이지 않았다"[82]고 한다.

숭실음악대의 음악회는 도시뿐만 아니라 농촌에서도 전개가 되었다. 이에 관해 『숭실대학교 100년사』에서는 다음과 같은 의미를 부여하고 있다.

이 시기 숭실음악대의 활동으로 특별히 지적하여 두고 싶은 점은 음악대가 결코 대도회지만을 중심을 빛을 내고 기량을 과시한 것이 아니라는 점이다. 전국의 방방곡곡을 순회하면서 농촌 개발, 지도자 양성 등을 위한 기금마련 음악회와 농촌계몽 음악회도 빈번히 가졌다.[83] *이것은 실로 음악의 대중화와 민족혼의 고취를 위한 일이었다고 하겠다. 그것은 농촌 순회공연에서 양악 이외에 '조선 고속(古俗) 음악'을 필히 연주하였던 사실만 보아도 알 수 있다. 숭실은 숭실만이 즐기고 좋아하는 '축하음악대회'를 결코 개최하지 아니하였다. 슬픔받는 민족을 즐겁게 해주고 용기를 북돋우어 줄 수 있는 음악을 해왔다. 1927*

81) 『조선일보』, 1927년 2월 11일.

82) 『조선일보』, 1927년 2월 15일.

83) 『조선일보』, 1927년 6월 8일.

년 11월 4일에 평양기독청년회가 주최한 '농촌사업음악대회'도 그 좋은 한 예이다. 여기에는 이름 높은 숭실의 음악인들이 세계의 음악가들과 함께 참여하였다. 원래 이 음악회는 "의미깊은 농촌사업에 한 도움을 얻고자 하는 것으로 여기에 출연한 악사는 평양에서는 물론 멀리 경성에서도" 왔고 세계적 음악가 '퀼-스'도 출연하였다. 박윤근의 바이올린 연주와 유명한 숭실의 남자합창은 대만원을 이룬 청중을 매혹시켰다. 일제의 혹독한 착취에 살길없는 우리 농민을 돕는 일에는 항상 숭실인이 앞장서 자리하고 있었다.[84)]

그런 한편, 1927년 8월 미국에서 개최된 성악콩쿠르에서 현제명이 1등을 하여 세상을 깜짝 놀라게 했다.[85)] 우리의 음악인이 국제무대에서 1등상을 받은 것은 이것이 처음이었다. 숭실학교가 설립된 지 30년밖에 되지 않았는데 맺은 커다란 결실인 동시에 서양음악이 이 땅에 들어온 지 반세기도 되지 않았는데 이룬 쾌거였다. 숭실의 음악은 이제 국내를 넘어 국제적으로도 인정을 받기 시작한 것이다.

⑨ 1928년

4월 28일에는 숭실전문학교 음악부주최로 춘기음악대회가 개최되었다. 이 음악회에는 피아니스트 박경호가 출연하였으며, 그의 도미 송별음악회란 의미를 가지고 있었다.[86)] 이 해 5월 박경호는 음악을 전공하기 위하여 미국으로 유학을 떠났다.

10월 15일에는 기독교계 4개의 전문학교인 숭실전문학교를 비롯하여 이화여자전문학교, 세브란스의학전문학교, 연희전문학교 등 4개의 전문학교가 연합하여 대음악회를 개최하였다. 경성공회당(京城公會堂)에서 막을 연 이

---

84) 숭실대학교 100년사 편찬위원회, 『숭실대학교 100년사-평양숭실편-』, 368-369쪽.

85) 이에 관해서는 본고 '7. 숭실학교 출신의 음악가 : 현제명' 참조.

86) 『동아일보』, 1928년 4월 28일.

음악회는 "다른 음악회에서 볼 수 없는 전문학생들의 늠름한 기상을 그대로 그려 놓은 감흥진진한 열일곱가지의 순서와 번외(番外)로 각 교가를 합창하는 대성황"을 이루었다.[87] 이 중 숭실전문학교와 이화여자전문학교와 연희전문학교는 당시 우리나라 음악계를 이끌고 가고 있었던 3두마차인 동시에 이후에도 오랫동안 우리나라 음악계를 주도하였다.

이 해의 음악전도활동은 평안남도 지역이 중심이 되었고, 악사로는 최성두와 김영길이 참여를 하였으며, 이 두 사람은 이후 전문음악가가 되어 한국음악발전에 많은 공헌을 하였다.

⑩ 1929년

이 해 봄 숭실 출신인 현제명이 미국 유학을 마치고 귀국하여 연희전문학교 영어교수로 부임하였다. 그의 귀국과 함께 활약이 크게 기대가 되었는데, 우선 귀국독창회를 숭실전문 학생기독청년회 음악부와 농촌연구회 공동 주최로 평양에서 개최를 하였다. 먼저 성악가로 데뷔를 하였고 그것도 평양에서 한 것이다.[88] 이어 9월부터는 연희전문학교 음악부장으로 취임해 음악부의 관현악단과 합창단을 지도하기 시작했다. 숭실학교 출신인 김영환의 뒤를 이어 두 번째로 연희전문학교 음악부 지도교수가 된 것이다.

그런 가운데 미국으로부터 또 다시 낭보가 날라 왔다. 미국 유학중인 박경호가 논문현상 모집에서 1등으로 당선된 것이다. 이 소식을 당시 신문에서는 "조선 학생의 특색을 미국에 가서 발휘하였다"고 크게 보도하였다.[89]

1929년은 한국교회의 제2차 교세진흥운동이 시작한 해이다. 이에 맞춰 숭실전문학교에서도 전도대를 북대(北隊)와 남대(南隊)로 확대 편성하였다. 북대는 평북 방면으로 파송되었으며 악사로는 서원숙, 박태기, 한영교 등이 참

87) 『동아일보』, 1928년 10월 14일.
88) 『동아일보』, 1929년 8월 8일.
89) 『동아일보』, 1929년 8월 2일.

가하였다. 그리고 남대는 황해도 방면으로 파송되었으며, 악사로는 금성출, 박창덕, 김약한이 참가하였다.[90)]

4) 1930년대 음악활동

① 1930년

1930년부터 숭실의 음악은 한 단계 도약이 되었다. 미국에서 음악을 전공한 말스베리 교수가 부임하여 지도를 하면서 음악회도 함께 참여하였기 때문이다.

1930년 10월 6일 숭실전문학생기독교청년회음악부 주최로 테너 권태호 초청 '신추(新秋)음악대회'를 개최하였다. 이 음악회에 말스베리 교수와 숭전 합창대가 찬조 출연하였다. 권태호가 주인공이지만, 말스베리 교수의 활약을 예고하는 음악회이기도 하였다. 이 해에는 '신추음악대회' 이외에는 눈에 띠는 음악행사가 없었다. 다음 해 초에 있을 전국 순회음악회 준비 때문이었을 것이다.

그에 비해 음악전도활동도 매우 활발하게 전개가 되었다. 전남 지역, 평북 지역, 경남 지역, 남만주 지역 등지에서 개최가 되었는데, 전남 지역의 악사로는 서원숙, 김약한, 장달수가, 평북 지역의 악사로는 박태기, 윤응팔, 김철휘가, 경남 지역의 악사로는 박태현, 박창선, 김동진이, 남만주 지역의 악사로는 금성출, 박창덕, 한영교가 참가하였다.[91)]

② 1931년

1931년 숭실전문학교 음악부에서는 획기적인 기획을 하여 실천에 옮겼다. 전국 순회음악회를 실시한 것이다. 이 음악회는 2월 7일부터 2월 16일까

---

90) 숭실대학교 100년사 편찬위원회, 『숭실대학교 100년사-평양숭실편-』, 352쪽.

91) 위의 책, 354-355쪽.

지 서울을 비롯하여, 전주, 광주, 대전, 부산, 마산, 대구, 청주 등지에서 개최를 하였으며 17일에는 평양에서 순회음악회를 총 결산하는 '보고(報告)음악회'를 열었다.

2월 7일 서울 종로 중앙기독교청년회관에서 개최한 프로그램을 보면 다음과 같다.[92)]

제1부

1. 밴드……………………………………………숭전악대
   A. 전주곡
   B. 기병행진곡
2. 바이올린 독주…………………………한영교
3. 코러스………………………………………숭전합창대
   바람아 불어라
4. 피아노 독주……………………………말스베리
   에쓰유데이오
5. 병창…………………………………………권태희, 서원숙
   A. 들장미 향기롭다.
   B. 그로델도한셀의 춤
6. 밴드……………………………………………숭전악대
   교정의 추억

제2부

1. 코러스………………………………………숭전합창대
   영화롭다

---

92) 『조선일보』, 1931년 2월 6일. 숭실대학교 100년사 편찬위원회, 『숭실대학교 100년사-평양 숭실편-』, 370-372쪽에서 재인용.

2. 독창……………………………………권태희

A. 효종(曉鐘)

B. 마루다

3. 4인 중창……………………………권태희, 전요한, 박태기, 서원숙

A. 바-인다진 노래

B. 반가운 우리 집

4. 관악합주

5. 피아노 독주

6. 밴드……………………………………숭전악대

A. 연병장 행진곡

B. 교가

음악장려 및 시민위한 음악회라는 성격을 띤 이 음악회는 대성황을 이루었고 또 성공리에 막을 내렸다. 말스베리 교수를 맞아 내용면이나 규모면이나 음악적인 면에 있어서도 예전보다 비교할 수 없을 정도로 발전을 한 것이다.

5월 8일에는 평북 선천에서, 9일에는 신의주에서 각각 음악연주회를 가졌다. 그리고 9월 11일 금강산에서 개최되었던 제20회 장로교 총회의 초빙으로 현지에 가던 도중 함흥(9일)과 원산(10일)에서 각각 음악회를 가졌으며, 귀향길에는 재령에서도 연주회를 가졌다.[93)]

③ 1932년

전년도의 전국 순회음악회에 대성공을 이룬 숭실전문학교 음악부는 이 해에도 야심찬 기획을 선보였다. 6개월 간의 연습을 가진 후 또 다시 전국 주요 도시에서 음악회를 개최한 것이다. 당시 언론에서는 이 음악회를 일컬어

93) 숭실대학교 100년사 편찬위원회, 『숭실대학교 100년사-평양숭실편-』, 372쪽.

"신춘 평양악단을 장식하는 최초의 대수확일 것이라는 일반 팬의 기대는 절정에 달하고 있었다"[94]라고 보도할 정도였다. 음악회의 구성은 밴드, 코러스, 말스베리의 피아노 독주, 테너 독창 등으로 하였고, 숭의합창대가 찬조 출연하였다.

2월 13일 평양연주회를 가진 후 16일 다시 평양에 거주하는 서양인을 위한 연주회를 가졌다. 그리고 19일에는 개성에서, 20일에는 서울에서 각각 연주회를 개최하였다. 개성에서의 음악회는 문자 그대로 입추의 여지가 없는 대성황을 이루었고 재청을 연발하는 열광적인 환호를 받았다.[95] 이어 서울에서의 음악회는 경성공회당에서 개최하였는데, 당시 언론에서는 '경성 악계(樂界)를 흔들 숭전추계음악회'라고 대서특필할 정도였다. 음악회의 내용은 다음과 같으며,[96] 특이한 것은 말스베리 부부가 피아노 병탄을 하였다는 것이다. 말스베리 부인 역시 음악을 전공한 사람이었다.

제1부

1. 밴드……………………………………숭전악대
2. 소프라노 독창…………………………임성숙
3. 코러스…………………………………숭전합창대
4. 피아노 독탄……………………………말스베리
5. 이중창…………………………………권태희 서원숙
6. 밴드……………………………………숭전악대

제2부

1. 코러스…………………………………숭전합창대

94) 『동아일보』, 1932년 2월 7일.
95) 『동아일보』, 1932년 2월 24일.
96) 『동아일보』, 1932년 2월 21일.

2. 테너 독창…………………………………권태희
3. 피아노 병탄……………………………말스베리 부부
4. 사중창………………………………………권태희 박태기 김철휘 서원숙
5. 코러스………………………………………이화여전합창대

8월에는 피아니스트 박경호가 미국 유학을 마치고 귀국하여 이화여자전문학교 교수로 부임하였다. 당시 이화여자전문학교 음악과는 우리나라에서 유일한 음악전문교육기관이었다. 따라서 이화여자전문학교 교수로 부임하였다는 것은 우리나라에서 유일한 음악전문교육기관의 교수가 되었다는 것을 의미한다. 숭실음악의 또 다른 결실인 것이다.

이 해 음악전도대는 3대로 편성하였다. 제1대는 순천지방으로 권태희, 한영교, 김철휘를 악사로 파송하였고, 제2대는 순천지방으로 김동진, 김철주, 조활용를 파송하였고, 제3대는 용천지방으로 장달수, 탁창신, 정삼현을 파송하였다.[97)]

④ 1933년

2월 10일 진남포에서 진남포사립득신학교 학교 수리비 모금을 위한 음악회가 개최되었는데 이 음악회에 숭실음악전문학교 음악대와 말스베리 부부가 초청을 받아 출연을 하였다.[98)]

9월에는 만주거주동포 위안 순회음악단을 결성하여 재만(在滿)동포를 위문하는 연주회를 개최했다.[99)]

11월 24일에는 진남포에서 숭실중학교 학생음악회를 개최하였다. 숭실관악대의 주악을 비롯하여 동요독창, 색소폰 독주, 합창, 독창 등으로 구성

---

97) 숭실대학교 100년사 편찬위원회, 『숭실대학교 100년사-평양숭실편-』, 356쪽.

98) 『동아일보』, 1933년 2월 5일.

99) 『동아일보』, 1933년 9월 7일.

하였으며 "청아하고 미묘한 멜로디는 만장청중을 극도로 도취케하고 또 황홀하게 하였으며 특히 차재일 씨의 테너 독창과 김학근 군의 동요 독창에는 재청, 삼청의 열광적 환호가 있어 공전의 성황을 이루었다"는 호평을 받았다.[100)]

이 해 음악전도는 전북노회 구역과 안주노회 구역을 선교 대상지역으로 선정하고 대원을 편성하였다. 전북노회 구역에는 탁창신, 김선문, 현구택을, 안주노회 구역에는 김철휘, 강문구, 김덕진를 악사로 파송하였다.

⑤ 1934년

3월 6일 숭실전문 졸업생을 위한 경축음악회를 개최하였다. 학생기독청년회 사교부가 주관한 이 경축음악회는 숭전인의 잔치였을 뿐만 아니라 온 평양시민의 잔치이기도 하였다. 이 행사에는 4,000여 명의 청중들이 참가를 할 정도로 인기가 높았다.[101)]

1934년은 기독교 한국선교 50주년이 되는 해이다. 장로교회에서는 이 뜻깊은 해를 맞이하여 성대한 기념식과 축하회 그리고 기행렬(旗行列) 행사 등을 거행하였다. 행사는 1만 5천명이 참가한 가운데 9월10일 숭실전문학교에서 거행되었으며, 행렬노정은 숭실운동장에서 출발하여 평양 시내를 돌고 다시 숭실운동장에 도착하는 것이었고, 행렬에 숭실악대와 숭실중학 악대가 참가하였다. 그리고 숭실전문 대강당에서 열린 기념식에 축하음악회도 성대하게 거행되었는데, 이에 관해 당신 신문은 다음과 같이 보도하였다.

> *기념식이 있는 다음에는 희년(禧年) 기념 축하회가 오후 2시부터 숭실전문 대강당에서 열리고 그 다음에는 오후 4시부터 동 대강당에서 환영회가 있을 터*

---

100) 『동아일보』, 1933년 11월 28일.

101) 숭실대학교 100년사 편찬위원회, 『숭실대학교 100년사-평양숭실편-』, 374쪽.

이며 밤에는 동 대강당에서 축하음악회가 있을 터이다. 이 음악회는 특히 숭실, 숭중, 숭의학교 학생찬양대와 각 교회 찬양대원 등 300명 일단의 대 코러스가 있을 터이라 한다.[102)]

이 행사 하나만 보더라도 숭실음악의 비중이 얼마나 컸는지를 잘 알 수 있다. 1만 5천명이라는 대군중이 참가한 가운데 치러진 '희년경축행사'에 숭실악대가 선두에 섰고, 또 축하음악회도 숭실학생이 중심이 된 것이다.

이 해 음악전도는 황해노회 구역과 경북노회 구역을 선교 대상지역으로 선정하고 대원을 편성하였다. 황해노회 구역에는 김효환, 김덕진, 김호정을, 경북노회 구역에는 김선문, 정삼현, 현구택을 악사로 파송하였다.[103)]

⑥ 1935년 이후

『숭실대학교 100년사』는 1935년 이후 숭실학교의 음악활동을 "우렁차고 아름답던 우리의 노랫소리는 점차 교정에서, 그리고 거리에서 사라져 갔다. 대신 일본의 군가가 교정과 거리를 휘몰아치기 시작하자 숭실은 폐교의 서러움을 맞게 되었다"[104)]고 상징적으로 표현하고 있다.

이 표현대로 그토록 자랑스러웠던 숭실학교의 음악활동은 1935년을 기점으로 점점 쇠퇴의 길을 걸어야만 했다. 만주사변에서 중일전쟁으로 이어지는 전쟁의 먹구름과 신사참배라는 반기독교적인 식민 정책 등의 영향으로 말미암아 학교는 어려움에 빠지게 되었다. 음악행사는 졸업식과 입학식과 같은 교내 행사에 머물러야 했고, 전국 순회연주회 같은 대규모의 음악회는 물론이고 정기연주회 성격을 띤 음악회도 더 이상 개최할 수 없게 되었다. 다만 음악전도 활동만은 지속이 되었다.

---

102) 『동아일보』, 1934년 9월 5일.

103) 숭실대학교 100년사 편찬위원회, 『숭실대학교 100년사-평양숭실편-』, 360-361쪽.

104) 위의 책, 375쪽.

1935년도의 음악전도는 전남 순천 노회 지역과 평남 안주노회 지역을 선교 대상지역으로 선정하고 대원을 편성하였다. 그리고 전남 순천 노회 지역에는 조활용, 우철준, 장마가를, 평남 안주노회 지역에는 김효한, 윤병식, 김대성을 악사로 파송하였다.[105] 1936년에는 전남 지역에 장성태, 이상조, 지장생, 현수길, 홍천표, 권용달을 악사로 파송하였다. 그리고 1937년은 전도활동의 마지막 해로써 경북지역에 이영근, 김두식, 권영철를 파송하였다.[106]

숭실학교는 아쉽게도 이듬해 폐교가 되는 비운을 맞았고 그와 더불어 음악활동도 막을 내리고 말았다. 그렇지만 끝이 아니라 또 다른 시작이었다. 숭실에서 맺은 음악적 열매는 전국 방방곡곡에 퍼져 더 많은 씨를 뿌리고 더 많은 열매를 맺게 한 것이다.

105) 위의 책, 361쪽.

106) 위의 책, 365-366쪽.

5. 숭실학교에서 음악을 가르친 교육자

'숭실'에서 음악을 가르친 사람은 단순히 한 학교에서 음악을 가르친 사람이라는 의미를 넘어 한국에 서양음악의 씨를 뿌리고 또 한국의 초기 음악가들을 양성시킨 사람들이라는 의미를 가지고 있다.

그렇지만 숭실에서 음악을 가르친 사람에 관한 연구는 아직 이루어지지 않았다. 본격적인 연구에 앞서 그 단초를 마련한다는 의미에서, 『숭실대학교 100년사』를 비롯하여, 『내한 선교사 총람 1884-1984』, 『음악연감』, 『한국양악백년사』, 『기독교음악사』, 「내한(來韓) 선교사의 음악활동에 관한 연구」, 「내한(來韓) 여성 선교사들의 음악활동에 관한 고찰」 등을 통해 조사한 결과 현재까지 파악된 사람은 10여명 정도이다.[107] 그 면면을 살펴보면 다음과 같다.

1) 숭실학당 시절의 음악교육자(1897-1905년 9월)

숭실의 교육은 1898년 가을부터 시작된다.[108] 이 해에 학생들에게 제공된 학과목들은 성경, 음악, 산수, 만국역사, 지리, 한문 등이었다.[109] 즉, 개교와 함께 음악교육이 실시된 것이다. 『숭실대학교 100년사』에 의하면 개교와 함께 1905년 9월까지 숭실학당 시절의 음악교육을 담당했던 사람으로는 마펫부인, 헌트부인, 블레어부인, 하웰양 등을 들고 있다.[110] 그리고 배위량, 베스트양, 이길함 부부 중 한사람도 음악교육을 담당했다고 언급하고 있다. 이 중 이길함이 음악을 담당했을 가능성이 높고, 베어드 목사의 부인인 베어드

107) 이 숫자는 조사 및 연구가 진행됨에 따라 더욱 더 늘어날 것이다.

108) 숭실대학교 100년사 편찬위원회, 『숭실대학교 100년사-평양숭실편-』, 80쪽.

109) 위의 책, 81쪽.

110) 위의 책, 81쪽.

부인(안애리)도 어떤 형태로든 음악을 가르쳤을 것으로 추정된다.

이길함(李吉咸, Graham Lee)

앞에서 언급한 것과 같이 『숭실대학교 100년사』에 의하면, 개교와 함께 "학생들에게 제공되었던 학과목들은 성경, 음악, 산수, 만국역사, 지리, 한문, 등이었다. 박자중은 주로 한문과 역사 과목을 담당하였으며, 나머지 과목들은 배위량과 베스트 양(Miss Margaret Best), 이길함(李吉咸, Graham Lee) 부부가 맡았다."[111]고 한다. 이 기록만으로는 누가 음악을 가르쳤는지 확실하지는 않다. 그렇지만 "1892년 내한한 그래함 리(Graham Lee) 선교사가 숭실학당에서 창가와 나팔을 교육한 이래…"[112]라는 기록과 숭실학당 초기에 이길함이 관악기 교육을 담당했다는 연구결과[113] 그리고 김인식, 김형준 등 숭실학당 출신의 음악가 중 적지 않은 사람이 나팔이라고도 불리는 코넷 연주가였다는 점 등을 미루어 보아 이길함이 숭실학교에서 음악을 가르쳤을 가능성이 높다. 또한 김인식이 아래와 같은 증언을 남긴 것으로 보아 그 가능성이 매우 높다.

> *선교사 그람리(필자주 : 이길함)라는 이에게서 코넷을 배웠고, 다시 그가 바이올린 하는 것을 보고 그것을 하나 부탁해서 사다가 나 혼자 그 놈을 연구해 가지고 G선을 F선으로, D선을 C선으로 이렇게 한 음씩 낮추어서 나 자신이 해득하여 찬송가를 위시하여 그람리 선생이 하지 못하는 곳까지 해냈는데 그것이 바이올린 사 온 지 사흘도 못되던 날이었다.*[114]

---

111) 숭실대학교 100년사 편찬위원회, 『숭실대학교 100년사-평양숭실편-』, 81쪽.

112) 문화콘텐츠닷컴, 「문화원형백과 한국근대의 음악」, 숭실나팔대의 지방교회 학교 나팔대 강습(1906), 한국콘텐츠진흥원, 2004.

113) 김사랑, 「내한(來韓) 선교사의 음악활동에 관한 연구」, 한국예술종합학교 예술전문사 학위논문, 2007. 112쪽.

114) 위의 책, 71쪽.

이길함(李吉咸)의 본명은 그래함 리(Graham Lee)이며, 1861년 미국 일리노이주에서 출생하였다. 시카코 맥코믹신학교를 졸업하였고 1892년 10월 부인(Blanche Webb Lee)과 함께 북장로교 선교사로 내한하였다. 1893년 관서지방 개척선교사로 임명되어 활동을 하다가, 서울에서 연동교회 설립의 기초를 닦았다. 1895년 이후 평양에서 선교 활동을 하였으며, 1901년부터는 평양장로회신학교 교수로 활동을 하였다.[115] 1907년 장대현교회에서 발흥한 평양대부흥운동을 주도한 중심인물 중의 한사람이었으며, 1912년 본국으로 돌아갔고 1916년에 소천을 하였다.

마펫부인(Mrs. Moffett, Alice Fish Moffett)

마펫부인은 1899년 주 2시간의 음악과 주 1시간의 생리학을 담당하였다.[116] 숭실학교 설립자의 한사람인 마펫(馬布三悅, Samuel Austin Moffett)의 부인이며 이름은 엘리스 피쉬 마펫(Alice Fish Moffett)이다.[117] 1870년 미국 북가주 산라화엘에서 태어났으며, 필라델피아에 있는 여자 의과대학과 샌프란시스코에 있는 쿠퍼 의과대학을 졸업하였고 1897년에 의사 선교사의 자격으로 한국에 왔다. 1898년 초부터 평양지구 선교부에서 활동을 시작하였으며, 평양에 있던 병원에서 봉사를 하였다. 1899년 1월 29세의 나이로 결혼을 하였고, 결혼과 함께 남편인 마펫을 도와 숭실학교에서 음악과 생리학을 가르쳤다. 그리고 1901이후 부녀자를 위한 성서반을 조직하여 가르쳤고, 1903년 외국인 학교에서 고등학교 과정의 책임자로 교육을 하였으며, 1904

115) 한국기독교역사연구소(편), 『내한선교사총람 1994-1984』, 서울: 한국기독교역사연구소, 1994. 345쪽.

116) 숭실대학교 100년사 편찬위원회, 『숭실대학교 100년사-평양숭실편-』, 81쪽.

117) 마펫부인은 2명이 있다. 마펫의 첫 번째 부인은 엘리스 피쉬 마펫인데 1912년 소천 하였고, 1915년 첫 번째 부인의 사촌동생인 루치아 피쉬(Lucia Fish Moffett)와 재혼을 하였다. 숭실에서 음악을 가르친 마펫부인은 첫 번째 부인인 엘리스 피쉬 마펫(Alice Fish Moffett)이다.

년 평양맹학교에서 신앙지도 봉사를 하였다. 1912년 42세를 일기로 평양에서 소천하였다.[118)]

마펫부인은 음악전문가가 아니며 숭실학교에서 음악과목을 가르친 외에 별다른 음악활동을 하지 않은 것으로 보인다.

헌트부인(Mrs. W. B. Hunt, 본명은 Bertha Finley Hunt)

헌트부인은 1901년 주 1시간의 음악과 주 3시간의 수학을 담당하였다.[119)] 1897년 10월 14일 북장로교 선교사로 내한한 헌트선교사(William B. Hunt)의 부인으로, 1898년 10월 남편의 뒤를 이어 북장로교 선교사로 내한하였다. 1905년 소천을 하였으며, 신사참배반대운동을 주도하고 또 부산의 고려파 총회 발생에 중요한 역할을 한 Bruce F. Hunt의 생모이기도 하다.

숭실학교에서 음악을 교육할 당시, 우리나라 최초의 서양음악가인 김인식에서 성악을 가르쳤다는 일화로 유명하다. 다음의 글은 김인식이 생전에 과거를 회상하며 이야기를 한 것이다.

> *호기심을 가지고 교회에 열심히 다니던 끝에 풍금치는 것이며 노래하는 것을 몹시 흥미 깊게 보고 듣던 나머지 11살(1896)에 숭덕학교에 들어가서 창가를 열심히 하였다. 그 후 숭실중학교에 들어가 서양 선교사를 따라 다니며 부지런히 음악공부를 했다. 그 다음 좀 더 체계적으로 배우고 싶은 생각이 나서 다시 선교사 부인 헌트와 스눅에게서 성악을 배웠는데 그것이 아마 16살 때인 듯하다. 그리고 나에게는 별로 악보라는 것이 없었는데 그들의 집으로 다니며 악보를 베껴오기도 했는데, 그 집에 있는 악보란 악보는 하나도 빼지 않고 다 베껴 놓았던 것이다.*[120)]

---

118) 한국기독교역사연구소(편), 『내한선교사총람 1994-1984』, 345쪽.

119) 숭실대학교 100년사 편찬위원회, 『숭실대학교 100년사-평양숭실편-』, 81쪽.

120) 이유선, 『한국양악백년사』, 112쪽.

헌트부인 역시 음악전문가가 아니며 숭실학교에서 음악과목을 가르친 외에 별다른 음악활동을 하지 않은 것으로 보인다.

블레어부인(Mrs. Blair, Edith Allen Blair)

블레어부인은 1901년 주 1시간의 음악을 담당하였다.[121] 1879년 생으로, 방위량(邦緯良, William Newton Blair) 선교사의 부인이며, 1901년 북장로교 선교사로 내한하여 평양선교부에서 활동을 하였다. 주로 부녀자 성경반 및 전도사업을 하였으며, 1942년 소천하였다.[122]

블레어부인 역시 음악전문가가 아니며 숭실학교에서 음악과목을 가르친 외에 별다른 음악활동을 하지 않은 것으로 보인다.

하웰양(Miss. E. Howell)

하웰양은 1901년 주 1시간의 음악을 담당하였다.[123]

하웰양 역시 음악전문가가 아니며 숭실학교에서 음악과목을 가르친 외에 별다른 음악활동을 하지 않은 것으로 보인다.

방위량(邦緯良, William N. Blair)

맘들 다 합하고 와 이 노래 크게 해
우리 학교 덕을 이제 광포하는데
화목하는 마음으로 노래부르세
합성 숭실학교 만세라
만세 만세 숭실학교 만세

121) 숭실대학교 100년사 편찬위원회, 『숭실대학교 100년사-평양숭실편-』, 81쪽.
122) 한국기독교역사연구소(편), 『내한선교사총람 1994-1984』, 171쪽.
123) 숭실대학교 100년사 편찬위원회, 『숭실대학교 100년사-평양숭실편-』, 81쪽.

만세 만세 숭실학교 만세

화목하는 마음으로 손들 듭시다

합성 숭실학교 만세라

숭실학교 최초의 교가(校歌)의 1절 가사이다. 원래는 미국의 작곡가 헨리 워크(Henry Work)가 작곡한 〈조지아 마아치〉(Georgia March)라는 미국 남북전쟁 때의 군가였으며, 우리나라에는 찬송가로 들어 왔다. (현재는 찬송가 350장 〈우리들의 싸울 것은〉) 이 선율에 가사를 붙여 숭실학교 교가를 만든 사람이 방위량(邦緯良, William N. Blair)이다. 1907년 방위량은 학생들의 신앙 부흥을 고취하는 동시에 노래를 지어서 부르게 하니 이것이 숭실학교 최초의 교가가 되었다고 한다.[124)]

『숭실대학교 100년사』에 의하면, "1901년에 한국에 온 방위량(邦緯良, William N. Blair)은 평양 선교지부에 속해 활동하였는데, 내한한 그 해부터 배위량의 부탁으로 숭실학교에서 음악을 가르쳤다"[125)]고 한다.

숭실학교에서 음악을 가르쳤을 때 동교에 재학 중인 김영환에게 오르간을 가르쳤다.[126)] 즉 우리나라 최초의 피아니스트를 양성한 것이다. 김영환에게 오르간을 가르친 것으로 보아 오르간 연주에 능숙했던 것으로 보인다. 그리고 다른 학생들에게도 오르간을 가르친 것으로 보인다. 김영환은 1910년대 초에 재학을 했는데 이를 미루어 보아 1901년부터 1910년대 초까지 숭실에서 음악을 가르친 것으로 추정된다.

베어드부인(安愛利, 裵부인, 배목사부인, 배위량부인, Mrs. Annie. L. Baird)

베어드 목사의 부인으로, 동교의 초기 주요 강사로서 활동하면서 교육 사

124) 위의 책, 153-154쪽.

125) 위의 책, 83쪽.

126) 이유선, 『한국양악백년사』, 119쪽.

업에 힘썼다. 무엇보다도 교과서 번역 사업 분야에서 선구적인 활동을 하였으며, 자연과학과 음악의 권위자였다고 한다.[127)] 음악을 담당했다는 기록은 아직 발견되지 않았지만, 개교 초기부터 음악교육을 실시하였다는 점, 음악의 권위자였다는 점, 음악교과서의 성격을 띤 『챵가집』이라는 책을 편찬했다는 점, 찬송가공의회 임원으로 활동하면서 한국찬송가의 수많은 가사를 창작 및 번역하였다는 점 등을 미루어 보아 어떤 형태로든지 음악을 가르쳤을 것으로 보인다. 『숭실대학교 100년사』 역시 "강사 중에는 안애리 여사처럼 많은 과목과 시간을 담당했음에도 불구하고 선교보고서에는 별로 언급되지 않아 누락된 경우도 있을 것"[128)]이라고 베어드 목사의 부인이 음악을 담당했을 가능성을 열어 두고 있다.

베어드부인 즉 안애리는 1864년 미국 인디애나에서 독실한 기독교 집안이자 선교에 깊은 관심을 가지고 있었던 가정에서 태어났다. 아버지는 미국 선교사협회의 회원이었고 어머니는 교회의 WFMS(Woman's Foreign Missionary Society)에서 활동하였으며, 피바디 여자신학교(Miss Peabody's Female Seminary)와 하노버 대학에서 공부를 한 뒤 와시번대학에서 L. L. L. (Lady of Liberal Learning) 학사학위를 받았다. 그리고 대학을 졸업한 후에는 캔자스주의 YMCA에서 간사로 일을 했는데, 이 무렵 그래탄 귀네스(Grattan Guinness)가 설교목사로 있던 한 여름 성경학교에서 자신의 삶을 해외 선교에 헌신하는 것에 대한 질문을 접하게 되었고 몇 날의 고투 끝에 해외 선교를 결정하게 되었다고 한다.[129)] 그 후 1890년 11월 조선 파송 선교사로 임명된 윌리엄 베어드와 결혼을 하였고, 이듬해인 1891년 1월 29일 북장로교 선교사로 내한하였다. 내한 후 초기에는 남편인 베어드 목사의 부산, 대구 개척선교에 동행을 하였으며,

---

127) 숭실대학교 100년사 편찬위원회, 『숭실대학교 100년사-평양숭실편-』, 84쪽과 130쪽.

128) 위의 책, 91쪽.

129) 김일심, 「내한(來韓) 여성선교사들의 음악활동에 관한 고찰-1945년 이전을 중심으로-」, 한국예술종합학교 예술전문사 학위논문, 2013. 103쪽.

숭실학당 설립시 식물학을 담당하였고, 숭실대학 시절에는 심리학과 생물학을 담당하였다.[130] 평양을 중심으로 여성사업, 문서전도, 육영사업에 헌신하였다. 그리고 평양 외국인학교, 여자성경학교 숭의여학교의 교사 및 교장으로 활동을 하였고, 암으로 고생하다가 1916년 소천 하였다.[131]

베어드부인은 비록 음악전공자는 아니었지만, 오르간을 직접 가르칠 정도였고, 한국찬송가의 수많은 가사를 창작 및 번역할 정도로 문학적 수준과 한국어 수준이 뛰어 났으며, 또 음악교재를 편찬할 정도로 음악적 실력도 갖추었다. 그런데 여기서 숭실의 음악교육사와 한국음악교육사적 측면에서 한 가지 간과해서 안 될 것은 한국찬송가 발전에 있어 안애리의 역할이다. 다음 장에서 구체적으로 살펴보겠지만, 초기 학교의 음악교재는 주로 찬송가였고, 음악교과서는 찬송가집이었다. 이러한 현상은 숭실뿐만 아니라 기독교계열의 학교에는 모두 해당되는 공통적인 현상이었다.

앞에서 살펴본 바와 같이 우리나라 초기의 찬송가집은 1892년 감리교 전용의 가사 찬송가집인 『찬미가』의 임시판을 시삭으로 1894년 오선악보로 된 최초의 찬송가집인 『찬양가』, 1895년 평양을 중심으로 한 북장로회선교부의 찬송가위원회가 편찬한 『찬셩시』, 1908년 최초의 장로교 감리교 연합 찬송가집인 『찬숑가』로 이어진다.

그런데 우리나라 초기 찬송가의 형성에 있어서 안애리의 역할은 절대적이었다. 안애리의 업적은 첫째, 가장 많은 한국어 찬송 가사를 만들었다는 것이다. 『찬미가』 1895년판에 번역찬송 5편과 창작찬송 5편, 『찬양가』 1895년판에 번역찬송 5편과 창작찬송 5편, 『찬셩시』 1898년판에 번역찬송 29편, 『찬셩시』1902년판에 번역찬송 17편, 『찬셩시』 1905년판에 번역찬송 58편, 『찬숑가』1908년판에 번역찬송 52편과 창작찬송 4편, 『통일찬송가』1983년

130) 1913년 숭실대학 편람에 심리학, 생물학 강사로 소개되었다. 숭실대학교 100년사 편찬위원회, 『숭실대학교 100년사-평양숭실편-』, 150쪽.

131) 한국기독교역사연구소(편), 『내한선교사총람 1994-1984』, 150쪽.

판에 번역찬송 38편과 창작찬송 2편 등 수많은 한국어 찬송가사가 안애리의 작품이다.[132)]

그리고 둘째, 한국찬송가의 형성에 있어서 안애리의 또 다른 역할은 한국어 번역 및 창작 찬송가사의 모범적인 예를 보여주었다는 데에 있다. 초기의 찬송가는 주로 서양의 선교사가 주도가 되어 서양의 찬송 가사를 한국어로 번역하는 것이었다. 그런데 서양의 노래인 찬송가의 선율에 한국어 가사를 붙이는 것은 쉬운 일이 아니었다. 서양 노래의 운율과 한국어의 운율이 잘 맞지 않기 때문이다. 이에 안애리는 한국어의 운율과 리듬을 연구하여 서양노래에 맞는 한국어 가사의 정형을 만들었다. 그리고 한국인 정서에 맞는 가사를 만들어 보급하였다. 찬송가 번역에 관여했던 또 다른 선교사인 밀러(F. S. Miller, 1866-1937)는 안애리의 번역에 대해 다음과 같이 말을 하였다.

> *베어드부인은 "Jesus, Savior, pilot me"(예수 인도 하소서)를 썼다. 이것은 굉장히 잘 만들어졌으며, 찬송을 부르는 선교사들은 이러한 찬송가가 어떻게 노래하기 쉽고 가르치기 쉬운지를 물어보기 시작했다. 뿐만 아니라 한국인들 사이에서 왜 인기가 있는지도 물어봤다. 그것은 음악에 딱 맞았을 뿐만 아니라, 중국으로부터 파생되어 만들어진 것 대신에 사용되었다. 그것은 가장 쉬운 토착어였고, 늙은 할머니들조차 이해할 수 있을 정도였으며, 그들이 인도와 편안함의 필요를 느꼈을 때, 찬송가는 그것을 줄 수 있었다. 이 찬송의 성공은 베어드부인과 다른 사람들에게 용기를 주었고, 다른 선교사들은 그것의 좋은 점들을 모방하기도 하였다.*[133)]

---

132) 조숙자, 「선교사 베어드(Annie L. A. Baird)의 한글 번역 찬송가」, 『한국찬송가 연구논문집』, 서울: 장로회신학대학교 교회음악연구원, 1997.

133) F. S. Miller, 「Early Korean Hymnlogy」, 『The Korea Mission Field』(September, 1930.), p.190. 김일심,「내한(來韓) 여성선교사들의 음악활동에 관한 고찰-1945년 이전을 중심으로-」, 110쪽 재인용.

셋째, 찬송가위원회에서의 활동이다. 안애리는 『찬셩시』 1898년판의 편찬위원과 『찬셩시』 1902년판의 책임 편찬위원 그리고 『찬숑가』 1908년판의 편찬위원으로 활동하였다. 이 『찬셩시』와 『찬숑가』는 오늘날의 찬송가집을 있게 하여 주었을 뿐만 아니라 서양노래의 보급과 한국인의 가창 문화에 가장 영향을 많이 준 노래집이라는 의미를 가지고 있다.[134)]

넷째, 안애리가 번역 또는 창작한 찬송가 중 상당수가 현재도 불리고 있다는 것이다. 그 대표적인 것으로는 현행 찬송가 제375장인 〈나는 갈 길 모르니〉와 제387장인 〈멀리 멀리 갔더니〉가 있는데, 이 두 작품은 모두 안애리의 창작 찬송가사이며, 창작 찬송 중 가장 오래된 것이다.

1절　　나는 갈 길 모르니 주여 인도하소서
　　　어디 가야 좋을지 나를 인도하소서
　　　어디 가야 좋을지 나를 인도하소서
2절　　아무 것도 모르니 나를 가르치소서
　　　어찌 해야 좋을지 나를 가르치소서
　　　어찌 해야 좋을지 나를 가르치소서
3절　　아이같이 어리니 나를 도와주소서
　　　힘도 없고 약하니 나를 도와주소서
　　　힘도 없고 약하니 나를 도와주소서
4절　　마음 심히 슬프니 나를 위로하소서
　　　의지 없이 다니니 나를 위로하소서
　　　의지 없이 다니니 나를 위로하소서

- 찬송가 제375장 〈나는 갈 길 모르니〉의 가사 -[135)]

134) 이 두 찬송가집에 수록된 많은 노래가 후에 가사가 바뀌어 애국가류의 노래, 창가, 독립군가 등으로 불렸다. 민경찬, 『청소년을 위한 한국음악사-양악편』, 참조.

135) 악보는 '부록 악보4' 참조.

1절 멀리 멀리 갔더니 처량하고 곤하며
슬프고도 외로워 정처없이 다니니
(후렴) 예수 예수 내 주여 지금 내게 오셔서
떠나가지 마시고 길이 함께 하소서
2절 예수 예수 내 주여 마음 아파 울 때에
눈물 씻어 주시고 나를 위로 하소서
3절 다니다가 쉴 때에 쓸쓸한 곳 만나도
홀로 있게 마시고 주요 보호 하소서

- 찬송가 제387장 〈멀리 멀리 갔더니〉의 가사 -[136]

이와 같이 한국찬송가 형성과정에 있어서 안애리의 역할은 절대적인 것이었다. 그런 의미에서 안애리를 '한국찬송가의 어머니'라 불러도 과언이 아닐 것이다.

그런 한편, 안애리의 또 다른 업적은 음악교과서 성격을 띤 『챵가집』 발간에 있는데 이에 관해서는 다음 장에서 살펴보도록 하겠다.

숭실학당 시절 음악을 가르친 사람 중에는 음악전공자가 한 사람도 없었다. 그런데 음악교육이 가능했던 이유는 선교사 중에 음악을 할 줄 아는 사람이 많았기 때문이다. 당시 한국은 서양음악의 불모지였기 때문에 이들이 음악교육을 실시하는데 큰 무리가 없었던 것이다.

2) 숭실대학 시절의 음악교육자(1905년 9월-1925년 3월)

『숭실대학교 100년사』에 의하면 1905년 9월부터 1925년 3월까지 숭실대학 시절의 음악교수로 마우리, 스미스, 소일도 등 3명을 언급하고 있으며, 같은 시기 숭실중학교의 음악교사에 대한 기록은 없다. 그렇지만 이 시기 숭

136) 악보는 '부록 악보5' 참조.

실에서 음악을 가르친 사람은 더 있을 것으로 추정된다.

마우리(牟義理, Eli. M. Mowry, 1880-1971)

> *그(필자주:마우리)는 신(神)의 사자(使者)인 동시에 음악의 사자(使者)였다. 그에게 있어서 음악이란 곧 전도의 한 방법이었고, 음악 즉 신앙 행위 이외에 다른 무엇이 아니었다. 그것은 오늘 세계의 문제아 Olivie Messiaen에게 있어서 음악(작곡)이 곧 신앙 행위인 것과 다를 바 없다. 하물며 그가 음악가도 아닌 일게 목사(선교사)였다는 사실을 전제할 때, 그가 한국 서양음악사에 남긴 노고와 공적은 찬란한 빛을 받아 마땅하다.*[137]

한국근현대음악사를 최초로 정리한 음악사학자 이유선이 한 말이다. 이유선의 말 그대로 한국근현대음악사를 통 털어서 음악전문가가 아님에도 불구하고 마우리 박사만큼 큰 공헌을 한 사람도 아마 없을 것이다. 그는 숭실대학의 음악발전뿐만 아니라 음악가 양성, 합창음악 발전, 관현악 발전, 교회음악 발전 등 음악의 거의 전 분야에 걸쳐 커다란 기여를 하였다.

마우리 박사는 1880년 미국 오하이오주에서 출생하였으며 1902년 우스터(Wooster)대학에 입학하였다. 대학 시절 외국에서 기독교 사역을 꿈꾸는 "자원봉사대"에 가입하였는데, 후에 이것이 그를 외국 선교사로 나가도록 이끌었다고 한다.[138] 1909년 웨스턴신학교를 졸업하였으며, 한국 선교 기간 중이었던 휴가를 얻어 1918년 우스터 대학원에서 생물학 석사학위를 받았고, 1935년에는 동 대학으로부터 명예 신학박사 학위를 받았다. 1909년 10월 부인인 로이스 토마스 마우리(Lois Thomas Mowry)와 함께 북장로교 선교사로 내

---

137) 이유선, 『한국양악백년사』, 139쪽.

138) 숭실인물사편찬위원회, 『인물로 본 숭실 100년』, 70쪽.

한을 하였으며, 평양을 중심으로 활동을 하였다. 1910년 9월 숭실대학교수로 부임하였고, 1938년 3월 신사참배 문제로 폐교될 때까지 교수, 학감, 도서관장, 학장을 역임하였으며, 동식물학, 생물학, 유전학, 세포학, 일반농학, 영어, 창가 등을 담당하였다. 폐교 이후에도 평양을 중심으로 목회 활동을 하다가 1940년 강제 추방을 당했으나, 해방 후 재차 내한하여 활동을 하였다. 1949년 한국선교 40년의 생활을 마치고 은퇴하였으며, 1971년 미국에서 소천하였다. 1950년 한국 정부로부터 건국훈장 국민장과 1968년 건국 공로 훈장을 받았다.

마우리 박사는 숭실중학과 숭실대학 그리고 장대현교회의 학생들과 청년들에게 음악교육을 실시했고 또 풍금, 피아노, 현악기, 관악기 등을 소개하였다. 그리고 장대현 교회에서 남성 성가대를 조직하였는데, 정확하게 언제부터인지는 확실하지 않지만 한국근현음악사에서는 장대현 교회의 남성 성가대를 "한국 최초의 남성 합창단"[139]으로 기록하고 있다. 즉 한국 남성 합창의 발원지는 장대현교회였고, 발원시킨 주인공은 숭실대학의 마우리 교수였던 것이다.

그런데 흥미로운 사실은 1918년 당시 장대현 교회의 성가대원으로는, 한영길, 차재일, 박인황, 백흥권, 이인선, 고덕영, 임익찬, 임현길, 김병오, 박현근, 박정근, 김만형, 정경필, 이윤섭, 고영수, 박요한, 박경호, 권용덕, 박관해, 길진경 등이 활동을 하였고, 지휘자는 마우리, 풍금 반주자는 박윤근이었다.[140] 지휘자는 숭실대학 교수였고, 반주자는 숭실대학 졸업생 그리고 성가대원은 대부분 숭실재학생들이었다. 다시 말해 장대현 교회의 성가대는 곧 숭실합창단이었다고 해도 과언이 아니다.

아무튼 숭실인이 중심이 된 장대현 교회의 성가대로 말미암아 우리나라

---

139) 이유선, 『한국양악백년사』, 138쪽.

140) 길진경, 『영계 길선주』, 서울: 종로서적, 1975. 103쪽.

는, 여러 사람이 같은 노래를 여러 성부로 나누어 부르는 '합창'이라는 새로운 음악문화를 갖게 되었다. 이어 마우리 박사는 동 교회 내에 소녀합창단을 조직하였는데, 이 역시 한국 최초의 소녀합창단으로 기록되고 있다. 그리고 연이어 이 역시도 한국 최초의 혼성합창단으로 기록되고 있는 혼성합창단을 만들어 4부합창을 가능하게 하였다.

그런데 혼성합창이란 단순히 새로운 음악문화가 유입되었다는 것 이상의 의미를 가지고 있다. 주지하다시피 혼성합창이란 남성과 여성이 같이 노래를 한다는 것이며, 노래란 입을 벌려하는 것이다. 양반과 상사람이라는 반상(班常)의 구별이 아직도 남아있고, 남녀의 혼성을 허락하지 않는 유교적 전통이 현존하던 시절에, '양반과 상사람이 함께, 그것도 남자와 여자가 같이, 그것도 많은 사람들 앞에서 입을 벌려 노래한다'는 것은 당시로서는 상상하기도 어려운 파격 그 자체였다. 그렇지만 그것을 가능하게 만든 사람이 마우리 박사였다. 즉, 인간의 계급문화와 차별문화를 타파하고, '하나님 안에서 만인이 평등하다'는 기독교적 가치관을 이 땅에서 음악으로 실현시켜 나간 것인데, 그것이 가능했던 것은 그가 곧 하나님의 사자(使者)이자 음악의 사자(使者)였기 때문일 지도 모른다.

마우리 박사는 평양뿐만 아니라 전국 각지에서 음악을 통한 선교 활동을 전개하였다. 그리고 이 영향으로 말미암아 지방 교회에도 혼성합창을 하는 성가대가 생겨나기 시작했다. 이와 같이 마우리 박사는 우리나라 최초로 교회 성가대를 조직하였고, 지방 음악 선교활동을 전개하는 등 "한국교회음악의 아버지"라고 불린 정도로 교회음악의 발전에 커다란 기여를 하였다.

그런 한편, 마우리 박사 부부는 숭실대학에 합창단[141]과 밴드부를 조직하여 체계적으로 음악을 가르쳤다. 숭실합창단은 학교 합창단의 최초이지

---

141) 『숭실대학교 100년사-평양숭실편-』의 224쪽에 "1913년 모의리 부부의 열성어린 음악교육으로 '합창단'이 조직되어 여러 곳에서 음악회와 연주전도가 수행되었다."고 합창단 창단 시기를 1913년으로 기록하고 있다.

만 숭실밴드부 역시 학교 밴드의 효시라는 의미를 가지고 있다. 숭실밴드부는 전국을 순회하는 등 활발한 활동을 하였는데 특히 "1919년 3월 1일, 독립만세가 전국에서 요원의 불길처럼 일고 있을 때 마우리 박사가 미리 조직해 두었던 숭실학교의 밴드를 출동시켜 시가를 누비며 군중을 모두 열광케 하기도 했다"[142]는 일화로도 유명하다. 마우리 박사는 3·1운동 당시 독립선언문과 태극기를 만든 학생을 자기 집에 숨겨주고 또 독립선언문을 번역하여 미국 선교 본부에 보낸 이유로 일경(日警)에 체포되어 감옥살이를 하기도 하였다.

또한 마우리 박사는 앞에서 살펴본 바와 같이 숭실음악전도대를 조직하여 전국을 순회하는 등 말 그대로 눈부신 활약을 하게 하였고, 숭실관현악단을 조직하여 한국 오케스트라 운동에 초석을 마련하기도 하였다. 그리고 그 결과 〈애국가〉의 작곡자 안익태를 비롯하여, 한국음악교육의 선구자, 작곡의 선구자, 성악의 선구자, 합창음악의 선구자, 교회음악의 선구자, 바이올린과 첼로 등 현악의 선구자, 트럼펫과 트롬본 등 관악의 선구자, 음악평론의 선구자, 음악출판의 선구자, 지휘의 선구자, 피아노의 선구자 등 음악의 거의 전 분야에 걸쳐 선구자를 배출하게 되었다. 숭실음악 뿐만 아니라 우리나라 음악발전에 결정적인 기여를 한 것이다.

스미스(Walter Everett Smith, 沈翊舜)

『숭실대학교 100년사』에 의하면 1913년 숭실대학 편람을 근거로 스미스 교수가 심리학, 윤리학, 성경 이외에도 음악을 담당했다고 한다.[143]

스미스는 1874년 미국 펜실베니아주 필라델피아에서 출생하였으며. 1895년 뉴윈드서 매릴랜드대학 졸업하였다. 1897년 프린스턴대학교 대학원에서

---

142) 이유선, 『한국양악백년사』, 137쪽.

143) 숭실대학교 100년사 편찬위원회, 『숭실대학교 100년사-평양숭실편-』, 150쪽.

석사학위를 받았고, 1898년 프린스턴 신학교를 수료하였다. 1902년 11월 북장로교 선교사로 내한하였으며, 부산에서 10년 동안 교회설립, 전도 등 개척 선교사로 활동하였다. 1910년 선교부 회장에 피선되었고, 1910년부터 1917년까지 평양선교부로 옮겨, 숭실대학 교수로 활동하였다. 1919년 고국으로 돌아갔으며, 미국에서 목회활동을 하다가 1932년 과로로 소천하였다.[144)]

소일도(蘇逸道, David. L. Soltau)

『숭실대학교 100년사』에 의하면 1923년 1월 10일부터 1925년 3월 31일까지 물리 및 음악 담당 교수를 역임하였다.[145)]

미국에서 출생하였으며, 1921년 5월 북장로교 교육선교사로 내한하였다. 평양선교부로 부임하여 숭실대학 교수로 재직하였으며, 1921년부터 1929년까지는 평양 외국인학교 교장으로도 재직하였다. 1929년 사임하고 귀국하였다.

소일도의 음악활동에 관해서는 그리 알려지지 않았지만, 솔토부인으로 알려진 부인인 그레이스 짐머만 솔타우(Grace Zimmerman Soltau)는 피아니스트 겸 음악교사로 활동하면서 현제명과 김세형 등 숭실학생들에게 피아노와 음악 이론을 가르쳤다.

3) 숭실중학의 음악교사

박윤근(朴潤根, 1891-?)

『숭실대학교 100년사』의 259쪽에 의하면 1915년에 발간한 『숭실학보』 제1호를 근거로 숭실중학 교사로 소개하고 있다. 그리고 같은 책 296쪽에 의하

---

144) 한국기독교역사연구소(편), 『내한선교사총람 1994-1984』, 474쪽.
145) 위의 책, 152쪽.

면, 1928년 4월 17일부터 1929년 3월 31일까지 음악과 화학 담당 교수로 재직했다고 한다.[146] 이 기록에 의하면 재직 기간이 1년에 불과하다. 그렇지만 같은 책 226쪽에는 "1921년 미국 유학에서 돌아온 박윤근은 모교에 봉직하면서 음악교재 번역, 피아노. 오르겐 교습, 합창단, 오케스트라 조직 등 체계있는 음악교육을 시도했다."[147]고 기록하고 있다. 즉, 이와 같은 기록과 아래의 기록을 종합해 보면 1914년 숭실대학을 졸업한 후 1916년 미국 유학가기 전까지 모교에서 교사로 있다가 미국 유학 후인 1921년부터 강사로 재직하다가 1928년 전임교수가 된 것으로 보인다.

박윤근은 1891년 태어났으며[148], 1914년 숭실대학 제5회로 졸업을 하였다. 재학 중 마우리 교수에게 바이올린을, 그의 부인에게 피아노를 배웠으며, 졸업과 동시에 교회와 학교에서 풍금반주자와 성가대 지휘자로 일을 했다. 마우리 교수는 박윤근의 음악적 재능을 알아보고 음악을 공부할 수 있도록 특별히 배려를 해 주었는데, 그것은 다음의 편지를 통해 알 수 있다.

> *숭대(崇大)의 졸업생 중 박윤근과 김인환 양인(兩人)에게 음악과 영어를 특별히 습득케 하는 방향으로 노력하여 박윤근은 피아노와 성악의 달인으로 되게 하여 졸업과 동시에 교회에 풍금반주와 성가(聖歌)의 지도인을 만들었고, 김인환은 숭대 졸업시까지 관악기 달인이 되게끔 선교사 모의리씨가 노력하였습니다.*[149]

---

146) 위의 책, 296쪽.

147) 위의 책, 226쪽.

148) 박윤근은 생전 자신이 음악인으로 기록되는 것을 원치 않았다. 음악전공자가 아니라는 겸손한 이유 때문이다. 그 때문인지 몰라도 한국근현대음악사에서 그의 이름을 거의 찾아볼 수 없다. 다만, 김은성의 「박윤근의 『성가선집』에 관한 연구」(서울: 장로회신학대학교 대학원, 2001.2)라는 논문을 통하여 생년월일 등 일부가 밝혀졌으며, 관련 논문과 당시의 신문, 잡지 등을 통하여 그 면면을 다소나마 알 수 있었다.

149) 배흥권이 나운영에게 보낸 편지 중 일부. 나운영이 한국근현대 음악사를 집필하기 위해 음악가들에게 편지를 보냈는데, 그 편지에 대한 답 중 박윤근과 관련된 부분이다. 김은

이후 박윤근은 미국 유학을 가 1916년에서 1919년까지 우스터 칼리지(Wooster College)에서 화학을 전공하였다. 그리고 한편으로는 피아노, 바이올린, 성악, 파이프오르간, 지휘 공부도 하였다.[150] 아마 귀국 후 모교인 숭실대학에서 음악을 가르치기 위한 준비를 했던 것으로 보인다. 1921년에 귀국하여 모교에서 가르치게 되었는데, 다음은 박윤근의 귀국과 함께 모교에서 교편을 잡아 일생을 교육에 받치게 되었다는 내용의 당신 신문기사이다.

금의(錦衣)의 이총준(二聰俊)
변성옥과 박윤근 두 사람

암흑한 우리 사회에서 그윽히 새로운 인물은 절실히 요구한지 이미 오래됨에 응하여 -중략- 평양 숭실대학을 졸업하고 그 학교의 교편을 잡고 있는 변성옥과 박윤근 두 사람은 지금부터 육년 전에 뜻을 가지고 미국에 건너가서 열심히 공부한 결과 모두 영광스로운 학위를 얻어가지고 만족한 얼굴로 오래 그리던 고향에 돌와 왔는 바 -중략- 박윤근씨는 오하이오주 워스틀 대학에 입학하여 화학과 음악을 전공하여 비에스(B.S.)의 학위를 얻은 후 이래 이년간은 미국 각지를 순화하며 가정과 사회제도를 연구하였다는 두 사람은 조선현하의 무엇보다도 긴급한 문제인 교육을 위하여 일생을 바치리라더라.[151]

1921년부터 모교에서 체계적이고 본격적인 음악교육을 실시한 것이다. 이후 최초의 음악 전공 선교사인 말스베리가 부임하기 이전까지 마우리 교

성, 「박윤근의 『성가선집』에 관한 연구」, 서울: 장로회신학대학교 대학원, 2001. 6쪽에서 재인용.

150) 노동은에 의하면 부전공으로 파이프오프간을 했다고 한다. 「1910년대 기독교계 학교의 음악교육과 그 영향」, 92쪽 참조.

151) 『동아일보』, 1921년 8월 25일자. 이 기록에는 음악도 전공하였다고 나와 있지만, 후에 박윤근 자신이 음악을 전공하지 않았다는 기록을 남겼다.

수와 함께 숭실의 음악교육을 이끌어갔다.

박윤근 음악교육의 특징 중 하나는 학생들과 함께 같은 무대에서 연주회를 했다는 것이다. 예를 들면 1921년 연말에 숭실학생회종교과 주최로 중국의 남만주 지방에서 그리스도의 복음을 전파하기 위하여 학생들과 함께 연주여행을 다녀 왔고, 1922년 2월 6일에 평양 산정현(山亭峴)교회 청년전도대가 주최한 '대음악회'에서 바이올린 연주를 하였다. 그리고1924년 숭실대학 학생기독청년회가 주관한 자선 음악회에 출연하였으며, 1927년 5월에는 숭실학생기독청년회가 주관하였던 춘계음악회에서 바이올린 독주를 하였다. 또한 1927년 11월 4일에는 평양기독청년회가 주최한 '농촌사업음악대회'에서도 바이올린을 연주하여 좋은 반응을 불러 일으켰다. 그런 한편 1929년에는 『聖歌選集』을 편집·발행하기도 하였다.

김인환(金仁煥, 1891-1934) : 3·1운동 때 악대를 지휘한 관악연주자

김인환은 음악사적으로 매우 중요한 음악가임에도 불구하고 관련 기록이 별로 없다. 다만 몇 편의 불확실한 자료만 전해 올 뿐인데, 연구의 중요성 때문에 그 자료를 소개하고 이를 근거로 재구성해 보도록 하겠다.

『숭실대학 100년사』에 의하면, 1915년에 발행한 『숭실학보』제1호를 근거로 "김인환은 평남 평양부 출생이며 숭실대학 5회 졸업생이며 직업은 숭실중학교 교사"[152]라고 한다. 박윤근과 동기생이며 같은 숭실중학교 교사로 소개하고 있다.

또한 같은 책에 "숭실전도대의 선교와 애국계몽활동은 곳곳에서 청요(請邀)를 받았다. 함경도 전역을 순회하는 본대 이 외에도 신의주 교회의 청에 의하여 임찬익, 이병삼, 김인환 등 남녀 3-4명이 '오케스트라'음악대를 조직

152) 숭실대학교 100년사 편찬위원회, 『숭실대학교 100년사-평양숭실편-』, 299쪽.

하여 전도·계몽활동에 나서기도 하였다"[153]라는 기록이 있다.

그리고 1966년 우리나라 최초로 발행한 『음악연감』의 작고(作故)음악가를 소개하는 난에서는 "1891년 평양 출생 1934년 사망. 이왕직(李王職)군악대원 출신. 숭실대학 졸업. 숭실대학 밴드 지휘, 3·1운동악대(樂隊) 선두 지휘, (평양)대성학교 교사, 에케르트 제자"[154]라고 소개하고 있다. 또 다른 자료에 의하면 '트롬본'을 가지고 활동했다고 한다.[155]

그 외 자료로, 앞에서 소개한 배흥권이 나운영에게 보낸 편지 중[156](주149)에도 김인환에 관련 부분이 나오는데 "숭대(崇大)의 졸업생 중 박윤근과 김인환 양인(兩人)에게 음악과 영어를 특별히 습득케 하였고, 김인환은 숭대 졸업 시까지 관악기 달인이 되게끔 선교사 모의리씨가 노력하였다"는 내용이다.

이를 종합하면, 1891년 평양에서 출생하였으며, 이왕직양악대에서 트롬본 연주자로 활동하다가 숭실대학에 입학하여 1914년 제5회로 졸업을 하였다. 그리고 숭실중학 교사로 재직하면서 숭실밴드를 지도하였다. 1919년 3·1운동 당시 시가행진의 선두에서 숭실의 악대를 이끌고 지휘를 하여 군중을 열광케 한 장본인이기도 하다. 숭실전도대의 일원으로 활동을 했는데 학생이 아니라 교사의 신분으로 참여를 하였고, 특이하게도 관악을 전공했기 때문에 숭실밴드부를 이끌 수 있었다. 선교사들은 성악, 현악, 건반악기에는 능숙했지만 상대적으로 관악기에는 약했다. 밴드부란 관악 중심인데, 숭실이 일찍부터 관악이 발달한 것은 아마 김인환이 있었기 때문일 것이다. 그 때문에 마우리 교수가 특별히 박윤근과 함께 김인환을 지목하여 영어를 특별히 습득하게 하였는데, 이는 미국으로 유학을 보내 차세대 숭실음악을

153) 위의 책 216쪽.

154) 세광출판사(편), 『음악연감』, 서울 : 세광출판사, 1966. 77쪽.

155) 노동은, 「1910년대 기독교계 학교의 음악교육과 그 영향」, 『한국기독교와 역사』 제20호, 2004년 3월. 92쪽.

156) 주 149 인용문 참조.

책임질 사람으로 키우기 위한 것으로 보인다. 어째든 박윤근은 미국 유학을 가서 전공은 아니지만 음악을 공부할 수 있었고, 김인환은 유학을 가지 않고 평양 대성학교에서 음악교사로 활동하였다. 김인환이 유학을 가지 않은 이유는 지금으로서는 알 수 없지만 43세라는 젊은 나이에 세상을 떠난 것으로 보아 건강상의 이유도 있었을 것이다.

3·1운동 당시 숭실악대를 지휘한 사람이 김인환이라는 사실, 숭실 밴드부를 지도한 사람이 김인환이라는 사실, 숭실전도대는 학생뿐만 아니라 교사도 참여했다는 사실 등이 이번 연구에서 밝혀진 것들이다. 한국관악과 오케스트라 발전의 이면에는 숭실이 있었고 또 그것을 가능하게 한 사람 중의 하나가 김인환인만큼 그에 관한 연구는 보다 심층적으로 이루어져야 할 것이다.

차재일(車在鎰, 생몰연도 미상)

1910년대 후반에서 1930년대까지 한국근대 관련 기록을 보면 차재일이란 성악가가 맹활약을 한 것으로 나온다. 그리고 2·30년대 당시만 하더라도 일류음악가만 가능했던 레코드취입도 여러 곡 했을 정도이다. 『숭실대학교 100년사』만 보더라도 그의 활약은 대단하다. 그럼에도 불구하고 그에 관한 정보는 생몰연도를 비롯하여 기본적인 것조차 전해 오고 있지 않다. 다만 1966년에 발행한 『음악연감』의 작고(作故) 음악가란에 "평양 출생, 숭대대학교졸, 숭실학교음악교사, 독창회개최, 루츠부인에게 사사"라는 짧은 정보와[157], 그의 제자였던 김동진의 증언, 당시의 신문기사와 잡지기사 등이 전해 올 뿐이다. 이를 바탕으로 그의 약력을 재구성해 보면 다음과 같다.

1900년경 평양 출생으로, 1916년경 숭실대학에 입학하여 1921년경에 졸

157) 세광출판사(편), 『음악연감』, 77쪽.

업을 한 것으로 추정된다.[158] 1921년 이후 루츠부인에게 본격적으로 성악공부를 하였고[159], 1922년부터 숭실중학교 음악교사로 근무하면서[160] 테너가수로 활동을 하였다. 그런 한편 1925년부터 1928년까지는 숭실전문학교 체육강사로도 활동을 하였다.[161]

숭실대학 재학 시절 장대현 교회의 성가대원으로 활약을 하였고, 동시에 숭실전도대원으로도 활동을 하였다. 1920년 3월 숭실대학교 전도대원이 전국일대에서 음악전도활동을 할 때 대원으로 참석하였는데, 특히 청중이 약 1만여 명이 운집한 7월 31일과 8월 31일의 길주와 명산의 전도대회에서 〈성산(聖山)으로 향하여 가자〉라는 독창 등으로 청중의 심금을 울리기도 하였다.[162]

1922년 2월 6일 숭실중학 음악교사로 재직하고 있었을 때에는 평양 산정현(山亭峴)교회 청년전도대가 주최한 '대음악회'에 출연하여 이인선과 함께 2중창을 불렀다. 1924년에는 숭실대학 학생기독청년회가 주관한 '기근구제음악회'에 출연하였으며, 동년 10월 20일 전선(前鮮)남녀전문학교 연합음악회 때 출연했다. 그리고 1926년 9월 30일 중앙기독교청년회가 주최한 추계대음악회를 소개하는 신문 기사에 "조선악단에 남성독창가로 첫손가락 꼽는 평양숭실대학교 교유(教諭) 차재일씨도 당야에 출연하게 될터인데…"[163]라는 내용이 있는 것으로 보아 그 무렵부터 세간에 '조선 제1의 테너'로 알려

---

158) 1918년 장대현 교회의 성가대원으로 활동했는데 그 당시 함께 성가대원으로 활동했던 사람들의 약력으로 추정한 것이다.

159) 앞에서 언급한 바와 같이『음악연감』에 루츠부인에게 배웠다는 내용이 있는데, 루츠부인은 1921년에 내한하였다. 이 둘을 근거로 한 것이다.

160)『동아일보』 1932년 10월 12일자 보도에 의하면 1932년 10월 10일 숭실학교 창립 35주년 기념식에서 10년 근속 직원 표창을 받았다. 그리고 김동진의 증언에 의하면 차재일은 숭실중학교 음악교사였고, 그로부터 성악을 배웠다고 한다. 이 둘을 근거로 한 것이다.

161) 숭실대학교 100년사 편찬위원회,『숭실대학교 100년사-평양숭실편-』, 298쪽.

162)『동아일보』, 1920년 8월 9일.

163)『동아일보』, 1926년 9월 30일.

졌다는 것을 알 수 있다. 1926년 11월 19일 근화여학교 주최 음악회 때 출연하였고, 1928년 중앙악우회(中央樂友會)의 연주회에 출연을 하였다.

숭실전문학교 교수로 재직했는 지의 여부는 확인이 되지 않았지만, 때로는 교수로 소개되곤 하였다. 예를 들면, 1932년 8월 사리원에서 개최한 음악회에 출연하였는데 재청을 수차례 받았다고 하면서 여기서는 숭실전문학교 교수로 소개하였다.[164] 그리고 1934년에 발행한 『中央』8호의 「朝鮮音樂家一覽」에도 평양숭실전문학교 교수라고 소개되었다.

1세대를 대표하는 테너 중 한사람으로, 1931년 〈모랑봉가〉를 비롯하여 〈금종〉, 〈나의 고향〉, 〈메기의 추억〉, 〈망향가〉, 〈영광의 찬송〉, 〈주 예수 내 맘에 오심〉 등의 곡을 취입하여 음반으로 남겼다. 숭실중학 음악교사로 재직 중에는 작곡가 김동진에게 성악을 가르치기도 하였다. 1940년대 이후에는 활동 기록이 전혀 안 나오고 1966년에 발행된 『음악연감』에는 작고(作故)한 것으로 나와 일찍 세상을 떠난 것으로 보인다.

4) 숭실전문학교 시절의 음악교육자(1925년 3월부터 1938년 3월 폐교까지)

말스베리(馬斗元, Dwight R. Malsbary, 1899-1977)

> *하나님이 하나님의 영광을 위해 음악을 계획하였으며, 그 음악 위에 은혜를 부으셨다.*[165]

말스베리가 한 말이다. 숭실전문학교는 음악선교사인 말스베리를 교수로 맞이하면서 새로운 전기를 맞게 된다. 최초로 음악 전문가가 교수로 초

---

164) 『동아일보』, 1932년 8월 18일.

165) D. R. Malsbary, "Korean and Sacred Music" Korea Mission Field, 1934. p.28.

빙된 것이다.

말스베리는 1899년 미국 캘리포니아주 스타카튼에서 태어났다. 1921년 캘리포니아 폴리스노젤대학을 졸업하였고, 1922년 시카고에 있는 셔우드(Sherwood) 음학대학에 입학하여 피아노와 음악이론을 전공하였고 1924년 졸업하였다. 그리고 대학원에 진학하여서는 대위법, 카논, 푸가 등을 공부하였으며 1926년 석사학위를 받았다. 대학원 졸업 후 계속해서 피아노 공부를 하였고, 한편으로는 오케스트라단과 합창단에서 활동하면서 오케스트라 악기 다루는 법과 함께 합창음악을 익혔다. 그리고 셔우드 심포니 오케스트라의 더블베이스 연주자 및 교회의 오케스트라 지휘자로 활약을 하였고 또 모교인 셔우드 음악대학에서 가르치기도 하였다.

1929년 피아니스트이자 셔우드 음악대학 동문인 Pauline Swin Malsbary와 함께 미국 북장로교의 음악선교사로 내한하였으며, 피아노를 비롯하여, 합창음악, 오케스트라 음악, 작곡, 지휘, 음악이론 등 명실 공히 실기와 이론을 겸비하고 음악교육 경력까지 갖춘 후 한국에 파송된 것이다.

1929년 12월 12일 숭실전문학교 음악담당 교수로 부임하여 1936년 12월 12일 신사참배에 반대하여 사직할 때까지 7년간 재직을 하였다. 이 기간 숭실전문학교의 음악교육은 음악대학 못지않은 수준 높은 것이었고, 그 결과 숭실의 음악은 눈부시게 발전하였으며, 또 다음 세대를 대표하는 한국의 음악가들도 대거 배출이 되었다. 대표적인 예로 작곡가 김동진은 말스베리 교수로부터 화성학, 대위법, 작곡법, 피아노, 심지어는 피아노를 알아야 한다고 피아노 조율법까지 배웠다고 하면서, 작곡에 필요한 이론은 숭실대학에서 전부 끝냈다고 한다. 또한 작곡가 박태준도 숭실에서 말스베리 교수에게 화성법과 작곡을 배운 후 본격적으로 음악가의 길을 걷게 되었다.

말스베리는 피아니스트로서도 적지 않은 활동을 하였는데, 그 대표적인 것으로 1931년 2월 7일 종로에 있는 중앙기독교 청년회관에서 피아노 독주를 하였고, 1931년 10월 3일 평양숭의여학교 창립30주년 기념음악회에서 부인과 함께 당시로서는 희귀한 피아노 2중주를 하였으며, 1932년 2월 21일에는 서울에 있는 경성공회당에서 피아노 독주를 하였다. 그리고 안익태가 일본에서 첼로 공부를 하고 돌아왔을 때 반주자로 함께 공연을 하였고, 바이올리니스트인 계정식이 독일 유학을 마치고 귀국연주회를 개최할 때도 함께 연주를 하였다.[166)]

그런 한편 찬송가 개정편찬위원으로도 활동을 하였고, 강신명이 편찬한 『아동가요곡선 300백곡』을 통해 창작 아동찬송가인 〈예수같이 되기 위해〉(소알론 작사)를 발표하기도 하였다.[167)]

숭실전문학교 사임 후에는 집에서 새벽기도회를 개최하였고 또 성경의 『레위기』를 강해하는 등의 선교활동을 했지만, 1940년 강제 출국을 당해야만 했다. 그렇지만 1948년 목사의 신분으로 다시 한국에 온 이래 목회활동과 음악활동을 병행하였다.[168)] 그러다가 안타깝게도 1977년 7월 28일 강원도 선교기지 순회 중 불의의 교통사고로 한국에서 세상을 떠났다.

1969년, 서양음악의 한국도입과 발전에 큰 공헌을 하였다는 이유로 한국음악협회로부터 공로 표창을 받았으며, 2011년에는 「In Memory of Dwight R. Malsbary」라는 제목으로 그의 찬송가 편곡 유고 음반이 출반되었다. 얼마 전에는 '마두원선교사기념사업회'가 발족되어 전기 발간 사업 등을 진행하고 있다고 한다.[169)]

권태호(權泰浩, 1903-1972)

『숭실대학교 100년사』에는 나와 있지 않지만, 권태호(權泰浩, 1903-1972)가

---

166) 권경란, 「선교초기 선교사들의 음악활동에 관한 고찰(1930년 이전에 활동한 선교사 중심으로)」, 장로회신학대학원 석사학위논문, 2004. 25쪽.

167) '부록 악보10' 참조.

168) 한국전쟁이 끝난 직후 한동일, 백건우, 정명훈 등 한국의 젊은 음악도를 가르쳤는데, 이 세 사람은 후에 세계적인 피아니스트로 성장을 하였다.

169)『국민일보』, 2014년 1월 15일자 참조.

1930년에서 1932년까지 재직했다는 기록이 있다.[170] 숭실학교 재학 여부는 알려지지 않았으나 그의 이력을 볼 때 재학 가능성은 희박하다.[171] 그러니까 숭실학교 출신이 아니지만 숭실학교에서 음악을 가르친 유일한 한국인인 것이다.

권태호는 안동에서 목사의 아들로 태어났다. 어린 시절 안동예배당에 다니면서 선교사의 부인에게 오르간을 배웠고, 15세 때인 1918년부터는 안동중앙교회의 찬송가 반주자 겸 특별예배 독창자로 활약을 하였다. 음악을 공부하기 위하여 1924년 일본 유학을갔으며 1925년 동경에 있는 청산학원 중학부 속성과를 졸업함과 동시에 일본고등음악학교에 입학하여 1928년까지 성악을 전공하였다. 이후 일본에서 독창회를 개최하고 음반을 취입하는 등 성악가로 활동을 하다가 1930년 귀국하였다.

귀국 후 1930년부터 1932년까지 숭실전문학교 교수로 재직하였고, 그 후로는 평양의 광성고보와 서울의 중앙보육학교 등에서 후진을 양성하였다. 1939년 다시 일본으로 건너 가 일본에서 활동을 하다가 1944년 한국인으로서는 최초로 일본고등음악학교 교수로 있다가 해방과 함께 귀국하였다.

그 뒤 경주에서 경주예술학교를 만드는데 중추적인 역할을 하였고 대구에 정착하여 성악가와 작곡가로 활동을 하면서 지역의 음악문화발전에 많은 공헌을 하였다.

작곡가로서도 "나리 나리 개나리 잎에 따다 물고요…"로 시작하는 〈봄나들이〉(윤석중 가사)를 비롯하여, 국민가요 〈무찌르자 오랑캐 몇 백만이냐〉 등, 수백편의 곡을 남겼다.

---

170) 손태룡, 『한국음악사의 큰별』, 대구: 중문출판사, 1994. 177쪽.

171) 권태호를 심층적으로 연구한 손태룡에 의하면 1917년 안동보통학교를 졸업하고 1919년부터 안동우편국에서 일하다가 1924년 일본 유학을 갔다고 한다. 손태룡, 『대구양악사연구』, 대구: 도서출판 대일, 1996. 386쪽 참조.

박태준(朴泰俊, 1900-1986)

『숭실대학교 100년사』에 의하면 1936년 12월 17일부터 1938년 3월 31일까지 음악 담당 강사를 지냈다.[172] 이 기간은 커다란 존재였던 말스베리 교수가 사임을 하고 학교가 폐교의 위기에 처해진 어려운 시기였다. 그 어려운 시기에 음악과목을 담당한 것이다.

박태준은 1900년 대구 출생으로, 1916년 대구의 계성학교 5년 과정을 마친 후 평양으로 가 숭실대학에서 공부한 후 1921년 12회로 졸업을 하였다. 대구 출신이 상급학교 진학을 위해 서울이 아닌 평양을 택했는데, 지금 보아도 이상하지만 당시에도 흔한 일은 아니었다. 그 이유는 음악을 공부하기 위한 것으로 보인다. 박태준의 음악적 재능은 이미 소년시절부터 두드러졌다. 기독교계 학교인 계성학교 재학 시절 독학으로 오르간을 공부하여 대구 제일교회 반주자로 활동을 하였고, 또 작곡에도 관심을 갖게 되었다. 그런데 당시에는 음악대학이 없었던 시절이라 국내에서 보다 전문적인 음악을 공부하기 위해서 숭실대학에 입학하는 것이 오히려 자연스러웠다. 더구나 대구 제일교회는 숭실학교 창립자인 베어드 목사가 초석을 놓은 곳이고 같은 장로교이기 때문에 대구 출신이지만 평양에 있는 숭실학교로의 유학은 어려운 일이 아니었을 것이다. 박태준 이후에도 계성학교 졸업생이자 대구 제일교회 출신인 현제명도 같은 길을 택하였다.

이미 어느 정도 음악 실력을 갖춘 박태준은 숭실대학에 재학하면서 그 진가를 유감없이 발휘하게 된다. 그 대표적인 예로 1920년 7월 1일부터 전국 방방곡곡을 돌며 강연과 음악으로 그리스도의 복음을 전하기 위해 조직된 중앙기독교전도대의 악사로 선정되어 활동을 하였다.[173] 그리고 1921년 3월 21일에 개최된 숭실대학 졸업음악회에서 여러 사람이 연주를 하였는데, 이

---

172) 숭실대학교 100년사 편찬위원회, 『숭실대학교 100년사-평양숭실편-』, 298쪽.

173) 『동아일보』, 1920년 6월 24일.

중 특히 박태준의 독창이 박수갈채를 받았다고 한다.[174] 또한 1921년 6월 25일에는 대구남성정 예배당에서 개최된 교남학생전도대(嶠南學生傳道隊) 주최의 교남음악대(嶠南音樂隊) 연주회에 출연하여 성악연주와 풍금연주로 3천여 명의 관중으로부터 많은 박수를 받기도 하였다.[175] 교남학생전도대란 대구 및 경상남북도 출신의 숭실대학재학생과 졸업생으로 구성된 조직으로, 약1개월 예정으로 경상남북도 순회강연회 및 음악회를 개최하였는데[176], 음악대의 중심인물이 박태준이었다.

숭실대학 졸업이후에는 마산 창신학교와 대구 계성학교의 음악교사 및 대구 제일교회 성가대의 지휘자로 활동을 하다가 1932년 미국 유학을 떠나게 된다. 정식으로 음악공부를 하기 위해서이다. 당시 신문에서는 박태준의 도미 유학 소식과 송별음악회 소식을 다음과 같이 전하고 있다.

박태준씨 도미(渡美)
송별음악회
18일 대구에서

대구가 낳은 드물게 보는 음악가로 지금까지 평양숭실학교에 교편을 잡고 있었던 박태준씨가 금번 음악연구를 더 하기 위하여 미국으로 건너가게 되었다고 한다.

씨를 의의 있게 보내기 위하여 대구에 있는 기독교청년면려회 경북 연합회 주최와 본보 대구지부 후원 아래 18일 밤 경정 만경관에서 박태준씨 도미송별음악회를 개최한다.

동음악회는 입장권 1원과 50전의 두 종류로 하여 본보 독자에게는 1원을 70

---

174) 『동아일보』, 1921년 3월 28일.
175) 『동아일보』, 1921년 6월 28일.
176) 숭실대학교 100년사 편찬위원회, 『숭실대학교 100년사-평양숭실편-』, 218쪽.

전에 50전을 40전으로 할인 우대하기로 되었는 바 대구에서 사계 중진들이 조연을 하게 되었다 한다.[177]

1935년 합창음악의 명문인 뉴저지주의 웨스트민스터 콰이어(Westminster) 대학을 졸업하였고, 이듬해인 1936년에는 합창음악과 교회음악 전공으로 동 대학원에서 석사학위를 취득하였다. 그리고 금의환향하여 모교에게 가르치게 된 것이다. 그렇지만 교육다운 교육도 제대로 하지 못하고 폐교라는 비운을 맞이해야만 했다. 이후 본격적으로 작품 활동을 하였다.

광복 이후에는 우리나라 최초의 본격적인 합창단인 오라토리오 합창단을 창단 및 지휘를 하는 등 합창문화의 발전에 많은 공헌을 하였다. 동합창단은 헨델의 〈메시아〉 전곡과 베토벤의 〈장엄미사〉, 바흐의 〈b단조 미사〉, 하이든의 〈사계〉, 모차르트의 〈레퀴엠〉, 〈대관식 미사〉 멘델스존의 〈엘리야〉 등을 초연하는 등 본격적으로 대곡을 연주하는 프로 합창단 시대로의 문을 열게 하였다.

그리고 1948년 연세대학교 음악부장으로 취임하였고, 1955년에는 동 대학교의 신학대학에 종교음악과를 창설하는데 주도적인 역할을 하였다. 1963년에는 동대학교에 음악대학 설립을 주도하였으며 1964년에는 초대 학장으로 취임하여 수많은 음악인재를 양성하였다. 그 후 한국음악협회 이사장과 한국교회음악협회 회장을 역임하면서 한국근현대음악문화 발전에 많은 공헌을 하였다.

대표적인 동요로는 〈오빠생각〉, 〈기러기〉, 〈새 나라의 어린이〉 등이 있으며, 대표적인 가곡으로는 〈동무생각〉, 〈아! 가을인가〉 등이 있다. 그리고 작품집으로는 1929년 『중중때때중』, 1931년 『양양 범벅궁』, 1939년 『물새발자국』 등을 남겼다.

---

177) 『동아일보』, 1932년 6월 17일.

루츠부인(Lenove Harpster Lutz)

그 외에도 숭실학교에서 음악교수나 강사 또는 교사의 자격으로 정식으로 음악을 가르치지는 않았지만 음악에 재능있는 학생들에게 일종의 개인 렛슨 형식으로 가르친 사람이 여러 명 있다. 그 대표적인 예로 루츠부인(Lenove Harpster Lutz)을 들 수 있다. 그녀는 차재일, 김세형, 현제명, 김동진 등에게 성악을 가르쳤고 또 숭실학교에서 주최한 특별음악회에 출연하는 등 숭실의 음악발전에 적지 않은 역할을 하였다.

루츠부인은 선교사인 동시에 숭실전문학교 농과(農科)교수로 재직한 루츠(Dexter N Lutz)의 부인으로, 1921년 남편과 함께 내한하였다. 성악을 전공한 것으로 추정되며, 평양 외국인 학교에서 음악을 가르치면서 숭실학교 학생들에게도 성악을 지도했다. 당시 루츠부인으로부터 성악을 배운 김동진은 다음과 같이 회고를 하고 있다.

> *루츠부인은 남편이 숭실대학의 농과에 교수로 있었어. 그 부인은 성악가야. 나는 그 부인한테 성악공부를 했어. 숭실대학에 있을 때 그분한테 성악 공부를 2년 간 했어. 루츠 부인은 교회 같은 데서 독창을 많이 했지. 그 당시에는 소프라노가 없었거든. 잘했다. 연주회는 독창회를 한 것이 아니고, 음악회 때 출연해서 노래를 했다. 성악전공을 했으나 어디학교를 나왔는지는 모른다.*[178]

루츠부인은 한국인의 발성 방법을 연구하여 서양발성법과 차이점을 발견하여 학생들을 지도했다고 한다.[179]

그런 한편 숭실학교 학생들과도 여러 차례 음악회를 개최하였는데, 대표적인 예로 1922년 2월 6일 산정현(山亭峴)교회 청년전도대가 주최한 '대음악

---

178) 김동진, 『내마음』, 서울: 세광출판사, 1973. 288쪽.

179) 권경란, 「선교초기 선교사들의 음악활동에 관한 고찰(1930년 이전에 활동한 선교사 중심으로)」, 17쪽.

회'에 출연하여 독창과 2중창을 했고, 1928년 3월 평양에 있는 남녀 중등학교 졸업생을 위한 졸업축하음악회에서도 숭실전문학교의 글리클럽과 오케스트라와 함께 출연하여 독창을 하였다.[180)]

---

180) 위의 글, 16쪽.

6. 숭실학교에서 사용 및 사용했다고 추정되는 음악교과서

음악교육을 하기 위해서는 음악교과서가 필요하다. 그렇지만 우리나라 최초의 음악교과서는 1910년이 돼서야 만들어지게 된다. 지금의 교육부에 해당하는 학부(學部)에서 편찬한 『보통교육창가집』이 그것으로, 이 교과서가 발간되기 이전에 기독교계 사립학교에서는 주로 찬송가집을, 공립학교에서는 일본 교과서를 사용했다. 그리고 교과서 없이 교육이 진행된 경우도 적지 않았다.

이러한 현상은 비록 음악교과목뿐만 아니라 다른 교과목도 마찬가지였다. 숭실학당의 경우도 창립될 당시만 해도 교과과정에 맞추어 수업을 진행할 수 있는 교과서가 거의 없었다고 한다.[181] 따라서 교과서를 만드는 것이 시급한 과제 중의 하나였다.

교과서 집필에 앞서 커다란 방침이 정해졌는데, 그 중 하나가 일반 교수용어를 한국어로 하고 교재의 편찬도 역시 한국어로 하기로 한 것이다. 이는 설립자 배위량의 교육철학에서 비롯된 것으로, 그는 일반 교육용어는 한국어가 되어야만 한다는 신념을 가지고 있었으며, 이러한 신념을 교육정책에도 그대로 반영하였다.[182]

교과서 집필은 배위량과 그의 부인인 안애리 여사 그리고 강의를 맡고 있는 선교사들이 맡아서 했으며, 배위량은 성경을 비롯한 인문학과의 과목들을 맡았고, 안애리는 동물학, 식물학, 생물 등 과학 과목을 교재를 맡았다.[183]

그런데 음악교과서의 경우, 그것을 만드는 것이 쉽지 않았다. 우선 음악교과서를 집필할 능력을 갖춘 안애리 여사는 과학 교과서를 집필하기에 여념

181) 숭실대학교 100년사 편찬위원회, 『숭실대학교 100년사-평양숭실편-』, 93쪽.

182) 위의 책 94쪽.

183) 위의 책 94쪽.

이 없었고, 설사 만들었다고 해도 당시 한국에는 오선보 악보 인쇄기술이 없었기 때문에 인쇄를 할 수 없었고, 그 인쇄를 일본에 맡길 경우 돈이 엄청나게 들었다. 더구나 '찬송가집'이라는 훌륭한 음악교과서가 있었기 때문에 굳이 시급하게 음악교과서를 만들 필요를 느끼지 못했을 것이다.

『숭실대학교 100년사』에는 음악교과서와 관련된 내용이 전혀 없다. 숭실학교와 관련한 다른 기록이나 당시 재학을 했던 사람들의 회고록이나 증언 등을 통해서도 음악교과서와 관련한 내용을 전혀 찾아 볼 수 없다. 어떤 음악교과서를 사용했는지에 관한 기록이 아직까지 발견되지 않은 것이다. 그렇지만 음악과목을 주요 교과목으로 채택하였고 또 줄곧 음악교육을 행하였기 때문에 음악교과서가 있었을 것이라고 추정하기는 어렵지 않다.

여러 가지 정황으로 미루어보아, 학당 초기에는 1895년에 발간된 『찬셩시』라는 찬송가집을 음악교과서로 사용했을 것이다. 그리고 1908년부터는 『찬숑가』라는 찬송가집을 주교재로 사용하면서 『악전교과서』와 『중등창가』를 부교재 또는 참고교재로 병행해서 사용했을 것이다. 또한 1915년에 이르러서는 비로소 음악교과서의 형태를 갖춘 『챵가집』을 사용했을 것이다. 그런 한편 1923년에 발간된 『음악대해』를 비롯해, 1929년에 발간된 『성가선집』 등도 교과서까지는 아니더라도 교재로 사용되었을 것으로 추정된다. 이 책들의 면면과 추정 근거를 살펴보면 다음과 같다.

『찬셩시』

숭실학당 시절과 초기에는 『찬셩시』를 음악교과서로 사용했을 것이다. 즉, 숭실학교는 기독교 학교이기 때문에 음악시간에 반드시 찬송가를 가르쳤을 것이라는 점. 평양에서 편찬이 되었다는 점, 숭실학교에서 재직한 선교사들이 중심이 되어 편찬을 하였다는 점, 숭실학교에서 재직한 선교사가 만들었거나 번역한 찬송가사가 많다는 점, 장로교의 유일한 공인 찬송가집이었다는 점 등을 미루어 보아 창립초기부터 1908년까지 가장 중요한 음악교과서로 사용이 되었을 것이다.

그런데 제1판부터 제8판까지는 모두 악보가 없는 가사판이고, 1905년에 발행한 제9판과 1907년에 발행한 제12판은 악보판이다. 따라서 악보판이 발행된 1905년까지는 가사판을 사용하다가 그 이후부터는 악보판을 사용했을 것으로 추정된다.

이 책의 서문에 "찬송가는 기도, 하나님께 영광을 돌리는 말, 덕(德)을 세우는 말 등이 곡조와 결합한 것"이라고 하면서 "찬송가는 단순한 노래가 아닌 하나님의 말씀과 인간이 하나님께 드리는 은혜의 찬미가 들어 있다"고 적혀 있다.[184)]

다시 말해 숭실학교의 음악교과서는 하나님이 선교사를 통해 주신 하나님의 노래이며, 숭실학교의 음악교육은 하나님을 찬양하는 노래로 시작한 것이다.

『찬숑가』

1908년 경부터는 『찬숑가』를 음악교과서로 사용한 것으로 보인다. 1908년 최초의 장로교, 감리교의 연합찬송가집이라는 의미를 가지고 있는 『찬숑가』라는 찬송가집의 가사판이 발행되었다. 그리고 1909년에는 그 악보판이 발행되었다. 이를 계기로 서울을 중심으로 한 남장로교의 찬송가와 평양을 중심으로 한 북장로교의 찬송가가 통일이 되었고, 감리교에서도 같은 찬송가를 부르게 되었다. 이 과정에 대하여 『찬숑가』의 서문에서는 다음과 같이 말하고 있다.

-전략- 예배할 때에 마음을 같이하며 기운을 화평하게하고 한 곡조로 찬송하는 것이 하나님을 영화롭게 하는 것이라. 주의 빛이 조선에 임한 후에 감리

---

184) 북장로회선교부 찬송가위원회, 「찬셩시셔문」, 『찬셩시』, 1898, 제2판.

회에서는 찬미가를 노래하고 장로회에서는 찬셩시와 찬양가를 부르매 양 교회의 형제자매들이 한곳에서 예배 볼 기회를 만나면 찬송하는 노래를 피차에 같이 부르지 못하여 주를 찬송하는 데서 서로 즐거움이 온전치 못하더니 하나님께서 아름다운 기회를 주셔서 두 회(필자 주, 감리회, 장로회)의 노래를 합하여 한 책을 만들었으니 실로 하나님을 영화롭게 하고 우리 마음을 기쁘게 하는 참 아름다운 찬송이로다.[185)]

즉, 장로교회와 감리교회에서 사용하고 있는 『찬미가』, 『찬양가』, 『찬셩시』를 합하여 한 권의 책으로 만들었으며, 장로교회와 감리교회에서 공동으로 사용하게 되었다는 것이다. 실제로 『찬숑가』에는 267곡이 수록되어 있는데, 이 중 137곡은 『찬셩시』에 나오는 것이고, 87곡은 『찬미가』에 나오는 것이고 그밖에 나머지는『찬양가』에 나오는 것과 새로 추가된 것이다.

안애리가 편찬위원으로 참가를 하였으며, 안애리가 창작 및 번역 것이 48곡으로 제일 많으며[186)], 숭실중학 출신인 김인식 만든 가사로 된 〈예수 만왕되니〉와 〈예수 나를 위ᄒᆞ여〉 등도 수록되어 있다. 이 찬송가집이 등장으로 말미암아 북장로교 소속의 교회뿐만 아니라 모든 장로교회와 감리교회가 이 찬송가집을 사용하게 되었다. 다시 말해 평양을 중심으로 한 서북지역의 북장로교의 공식 찬송가집은 『찬셩시』에서 『찬숑가』가 바뀌었고, 1935년 『신편찬송가』가 나올 때까지 20여 년간 이 찬송가집을 사용한 것이다.

『찬숑가』에 수록된 찬송가의 음악적 특징은 대부분 서양의 바로크 시대에서 고전·낭만 시대의 음악 어법에 입각하여 만들어진 것으로, 음악 용어로는 '평균율로 된 장·단조 조성음악(調性音樂)이라 부르며, 세계 여러 나라에서 통용되는 음악이란 뜻에서 '공통관습 시대의 음악'이라고도 한다. 악보는

185) 찬송가위원회, 「찬숑가 셔문」, 『찬숑가』, 1908.

186) 안애리 즉, 베어드 부인이 번역 및 창작한 찬송가사는 '부록 1 안애리가 번역 및 창작한 찬송가사 목록'을 참조.

오늘날의 찬송가집에서도 볼 수 있는 것과 같이 오선보에 소프라노-앨토-테너-베이스의 혼성합창이 가능하도록 4성부로 만들어졌다. 이로 말미암아 한국에 조성음악의 시대가 막을 올리게 되었고, 또 한국인의 음악적 모국어도 새롭게 형성되기 시작하였다.

숭실학교에서도 1908년부터『찬숑가』를 주요 음악교과서로 사용했을 것으로 추정되는데, 그 근거로는 첫째 이 시기에도 기독교 계열 학교의 음악시간에는 주로 찬송가를 주로 가르쳤다는 점, 둘째 오선보 악보집으로 만들어진 최초의 공식 찬송가집이었다는 점, 셋째 숭실학교의 교수인 안애리가 편집위원으로 참여했다는 점, 넷째 안애리가 번역 또는 창작한 찬송가가 많이 수록되었다는 점, 다섯째 음악교과서 역할을 할 다른 책이 없었다는 점 등을 들 수 있다. 실제로 숭실전도대와 숭실합창단과 장대현교회합창단 레퍼토리 중 상당수가 『찬숑가』가 수록된 곡이어서 그 가능성을 더 높여주고 있다. 더구나 『찬숑가』는 합창과 중창이 가능하도록 4성부로 만들어진 찬송가집이기 때문에 종교적인 측면이나 교육적인 측면이나 음악적인 측면에서 이보다 더 좋은 음악교과서는 없었다. 그런 한편, 1911년 조선총독부는 『찬숑가』를 '인가교과용 도서'로 인정[187]을 하였기 때문에 정식 음악교과서로 사용할 수 있었다.

『찬숑가』에 수록된 노래는 찬송가로서의 역할 뿐만 아니라 한국 노래의 교과서적 역할도 하면서 이후 다음 시대에 등장할 '애국가류의 노래', '독립군가', '항일투쟁가', '창가' 등을 낳게 하였다는 또 다른 중요성을 가지고 있다. 즉, 1912년 김인식이 편찬한 『(교과적용) 보통창가집』에 나오는 여러 편의 창가를 비롯해 그 후에 등장한 수많은 창가들이 『찬숑가』에 나오는 찬송가의 선율에 새로운 가사를 붙인 것이다.

---

187) 조선총독부, 「認可教科用圖書」, 『教科用圖書一覽』, 경성: 조선총독부, 1912. 33쪽.

『악전교과서』

1910년경 이기종(李基種)이 만든 책이다. 악전(樂典)이란 음악의 기초이론이란 뜻이다. 따라서 '악전교과서'란 음악의 기초이론을 다룬 교과서라는 뜻이며, 학교의 교과용으로 편찬된 도서라는 뜻을 가진 '교과서'라는 이름을 처음 쓴 음악책이다.

이 책의 저자 이기종은 1907년 숭실중학을 4회로 졸업하였고, 1910년 숭실대학을 2회로 졸업한 숭실 출신이다.

그런데 이 책은 발매 즉시, "허가를 받지 않고 출판한 것"이라는 이유로 금지를 당했다. 유감스럽게도 이 책은 실물이 전해 오지 않아 그 내용을 비롯하여 출판목적이나 용도 등에 관하여 알 수 없다. 그렇지만 이 책의 존재 유무는 다음과 같은 기록으로 할 수 있다.

「內部告示 第三十八號」[188]

樂典教科書 全一冊 李基種 著作

위의 출판물은 허가를 받지 않고 출판한 것이기 때문에

출판법 第 十三條에 의해 그 發賣·頒布를 禁止하고 이를 押收한다.

隆熙四年四月二十五日

內部大臣 朴 齊 純

우리나라 사람이 만든 최초의 음악기초이론 책이자 음악교과서라는 의미를 가지고 있는 『악전교과서』는 숭실에서 음악교과서까지는 아니더라도 음악교재 또는 참고용 도서로 만들었고 또 사용되었을 가능성이 높다. 그 근거는 첫째 숭실 출신이 만든 책이라는 점, 둘째 평양에서 출간된 책이라는 점, 셋째 제목에서 알 수 있듯이 교과서로 만든 것이라는 점, 넷째 숭실에서 지

188) 『관보』, 4656호, 1910년 4월19일.

향했던 한국어로 만든 교과서라는 점 등이다.

'악전'이란 속성상 다양한 음악용어를 취급하기 마련이다. 그런데 한국어 음악용어가 만들어지지 않았던 시점에서 이 책이 등장하였다는 것은 다른 한편으로 다양한 음악용어를 우리말로 만들었다는 것을 의미한다. 그리고 그 용어를 최초로 소개하였다는 의미를 갖게 된다. 따라서 이 책은 단순히 숭실학교의 음악교과서로 사용되었을 것이라는 이상의 의미를 가지고 있다. 그 이상의 의미란 우리나라 근대식 음악용어의 기원과 그 모습을 알 수 있게 해 주는 것이다.

『중등창가』

이성식(李聖植)이 편찬한 창가집으로 1910년 이전에 출판된 것이다. 아쉽게도 존재 유무만 기록으로 전해 올 뿐 실물은 아직 발견되지 않았다.

1910년 1월 9일자 『황성신문』을 보면 "각 관립 공립 사립학교의 창가가 통일되어 있지 않을 뿐 아니라, 과격한 내용의 불량창가가 많기 때문에 이를 중지시키기 위해 새로운 창가집을 만들고 있다"[189]라는 내용의 기사가 보도되었다. 그리고 1910년 4월 19일자 『관보』 4656호에 "이성식 저작의 『중등창가』를 허가 받지 않고 출판한 것이기 때문에 출판법에 의해 그 발매와 반포를 금지하고 이를 압수한다"[190]고 발표하였다.

『황성신문』에 나오는 '통일', '불량창가', '과격한 내용' 등의 단어를 통하여 그 창가집들이 배일(排日)적이며 애국적인 내용을 담고 있었을 것으로 추측할 수 있다. 왜냐하면 여기서 말하는 '통일'이란 '일본 창가로의 통일'을, '불량창가'란 '애국창가'를, '과격한 내용'이란 '배일적인 내용'을 의미하고 있기 때문이다. 이를 입증할 증언으로, 『중등창가』를 접한 사람의 말에 의하

189) 『황성신문』, 1910년 1월 9일.

190) 『관보』, 4656호, 1910년 4월 19일.

면 "〈무궁화〉, 〈전진가〉, 〈정신가〉, 〈국기가〉 등이 수록되었다"고 한다. 이 증언을 미루어보아 우리의 민족혼을 고취시켜 주는 애국 계몽 가요가 주종을 이루었을 것으로 짐작된다. 그런 한편 "새로운 창가집"이란 1910년 5월 학부에서 발행한 『보통교육창가집』을 말하는데, 실제적으로는 통감부에서 만든 관제창가집이다.

이성식 숭실중학 졸업생으로 1910년경 애국창가집인 『중등창가』와 〈애국가〉를 만들어 각 학교에 보급하였고 이로 말미암아 일본 관리에 체포되어 감옥까지 갔다. 이 사건은 뒤에서 살펴보겠지만 '애국가 지은 죄'라는 제목으로 당시 미국에서 발행한 동포신문에도 보도될 정도였다.

『중등창가』는 실물이 전해 오지 않아 악보가 있는 창가집인지 가사만 있는 창가집인지 알 수 없다. 만약 악보가 있다면 대부분 찬송가의 선율에 가사를 붙인 것일 게다. 이 책 역시 음악교과서까지는 아니더라도 숭실의 음악교재 또는 참고서로 사용되었을 가능성이 높다. 그 근거로는 첫째 숭실 출신이 만든 책이라는 점, 둘째 평양에서 출간된 책이라는 점, 셋째 평양의 각 학교에 배포되어 사용되었다는 점, 넷째 특이하게도 '중등'이라는 표현을 써 중학교 이상의 학교 교재라는 점을 시사하고 있다는 점 등을 들 수 있다.

이 책을 만든 이성식은 후일 미국에서 음악으로 애국운동과 독립운동을 전개하였다.

『챵가집』

『챵가집』은 베어드부인(Mrs. Baird) 즉 안애리와 베커부인(Mrs. Becker)이 편찬한 것으로, 1915년에 초판이, 1920년에 재판이 발행되었다. 경성과 평양에서 동시에 출판되었으며, 경성에서는 조선야소교서회(朝鮮耶穌敎書會)가 평양에서는 평양야소교서원(平壤耶穌敎書院)이 발행을 하였다. 총 2편으로 구성되었으며, 제1편에는 〈ᄉᆞ절가〉를 비롯해 46편의 창가가, 제2편에는 〈거룩다 밤이여〉를 비롯해 19편의 찬송가가 수록되어 있다. 창가와 찬송가로 구성된 악보집으로, 서문에는 다음과 같은 내용이 쓰여 있다.

대저 노래는 사람이 사물과 시세에 감격될 때에 중심의 뜻을 말로 나타내고 율(律)에 응하게 하여 입으로 부르고 마음으로 화답하는 것을 말하니 옛적이나 지금이나 이 나라에나 저 나라에나 지방의 풍속과 때의 형편을 쫓아 이에 합하게 부르는 노래가 있나이다. 그런고로 옛적 다윗왕의 시편은 만유 주의 영광을 찬송하였고, 순 임금의 오현금은 백성의 온로를 풀었나이다.

공자가 육례를 가르칠 때에 음악이 한 가지 과정이 되었으며 우리 성도들이 하나님을 찬송할 때에 노래로 부르니, 사람이 노래를 알지 아니하지 못할 것이올시다. 오늘은 창가를 일러 가르침으로 유치원에서나 학교에서나 다 가르치니 또한 이에 합한 창가가 또 있어야 할지라. 그런고로 본서 창가 수십 장을 편술하였사오니 해여 독자 여러분께 유익이 되기를 바라나이다.-이하 생략-[191]

즉 학교 교육에 부합한 교재로 만들었다는 것을 알 수 있다. 책의 내용을 보더라도 〈잊지말게 내 친구〉, 〈한 학교에 공부하던〉, 〈평안히 가시오〉, 〈내 친애한 벗들〉, 〈우리 동창 제군들아〉, 〈학도야 학도야〉, 〈하학종을 땡땡친다〉 등과 같은 학교생활과 관련한 노래가 많은 것이 특징이다. 특이하게도 〈정신학교 교가〉, 〈숭실학교 교가〉[192], 〈호수돈여학교 교가〉, 〈한영서원가〉, 〈경신학교 교가〉, 〈숭의여학교 교가〉 등 학교 교가가 많이 수록되어 있다.

이 책은 앞에서 말한 바와 같이 베어드부인과 베커부인이 만들었다. 두 사람이 만들었다는 것은 여러 가지 면에서 상징적이면서 동시에 실질적인 효과가 있었다. 우선 두 사람은 각각 장로교와 감리교의 음악전문가라는 점을

---

191) 베어드부인, 베이커부인(편), 『챵가집』, 경성: 조선야소교서회, 평양: 평양야소교서원, 1915. 「서문」.

192) "모란봉이 다가오다 돌아앉으며…"로 시작하며, 영어 제목으로는 〈SONG OF UNION CHRISTIAN COLLEGE, PYENGYANG〉이라 표기하였다.

들 수 있다. 그리고 각각 숭실대학과 연희전문학교의 음악교육[193]에 관여하였으며, 각각 평양과 서울을 활동기반으로 하고 있었다는 점을 들 수 있다. 또한 학교에서 음악교육을 실시하고 있었는데, 기독교 계열 학교에서 사용할 마땅한 음악교과서가 없었다는 점을 들 수 있다. 따라서 장로교·감리교 연합운동의 일환으로 만들었다는 상징성과 함께 기독교 계열 학교에 부합한 음악교재라는 시의성이 결합하여 그 수효가 적지 않았음을 짐작하게 한다. 즉 음악교과서를 만들 수 있는 사람이 있었고, 만들 필요가 있었고, 수효가 많았기 때문에 책을 만드는 비용도 어느 정도 해결할 수 있었던 것이다.

『챵가집』을 연구한 김사랑도 "이 책은 선교사 연합운동의 일환으로 발간이 되었고, 연합의 차원에서 볼 때 당시 대부분의 기독교학교와 교회에 이 창가집의 영향력이 매우 컸으며, 전국적인 사용을 염두에 두었고, 그 수효가 적지 않았으며, 당시 기독교계 음악교육에 있어서 중요한 교재였음을 추정할 수 있다"고 분석하였다.[194]

그런데 여기서 한 가지 간과되어져서는 안 될 것은, 조선총독부에서 발행한 음악교과서에 대응하여 『챵가집』이 만들어진 측면도 있을 것이라는 점이다. 당시 학교교육을 관장하고 있었던 조선총독부는 조선총독부에서 발행한 교과서가 있을 경우 그 교과서만 사용하도록 강제하였다.[195] 그런데 조선총독부에서 발행한 음악교과서에 수록된 노래 중에는, 일본천황을 찬양하고, 일본천황을 숭배하고, 식민정책을 미화(美化)하는 반기독교적이고 비교육적인 내용의 노래가 적지 않았다. 종교적인 측면에서나 교육적인 측면에서나 받아들일 수가 없었던 것이다. 따라서 조선총독부에서 발행한 음악교과서를

---

193) 베커부인은 미감리교 선교사로 내한했다가 장로교 목사가 된 베커(Arthur L. Becker)의 부인으로, 1914년부터 연희전문학교에서 음악을 가르쳤다.

194) 김사랑, 「'문명'의 노래, 조선인을 '위한' 음악교육 : 1910년대 『챵가집』분석」, 『이화음악논집』, 통권 17-2, 2013. 38쪽.

195) 민경찬, 『청소년을 위한 한국음악사-양악편』, 170쪽 참조.

거부하는 대신 기독교계 학교에 적합한 음악교과서를 만든 것으로 보인다.

숭실학교에서도 『챵가집』을 음악교과서로 사용했을 가능성이 높다. 그 근거는 첫째 숭실의 여러 교과서를 만든 안애리가 주도하여 만들었다는 점, 둘째 경성뿐만 아니라 평양에서도 발행이 되었다는 점, 셋째 책의 내용이, 크게 교육적인 '창가'와 '찬송가'로 구성되어 기독교계열의 학교 교과서에 맞게 만들어졌다는 점, 넷째 숭실학교의 교가가 수록되었다는 점 등을 들 수 있다.

다만, 드러내놓고 '교과서'라고 하지 못한 이유는 조선총독부에서 발행한 음악교과서가 있었기 때문이었을 것이다.

『음악대해』(音樂大海)

1923년 평양의 아소교서관에서 한영길과 박경호의 공저로 『音樂大海』(음악대해)라는 책이 발간되었다. 이 책의 서언을 보면 "음악이 아니면 하나님을 영화롭게 하지 못하고 사람을 감동시킬 수 없다. 그 때문에 옛날 예루살렘 성전에도 찬양대를 조직하여 하나님을 찬송하였다. 그렇지만 우리나라에 그리스도의 도리가 들어온 지 삼십 여년이 지나도록 음악을 자습하여 학득(學得)할 만한 책이 없으므로 일반 교회나 사회에 그 능력과 생채를 발휘하기 어렵더니 찬송하리로다"[196]라고 되어 있다. 일종의 음악기초이론(악전) 자습서인 것이다.

책의 내용을 보면, 크게 음악의 기초이론을 설명한 부분과 찬송가를 반주와 함께 수록한 부분으로 나뉘어진다. 즉, 음악기초이론 자습서이지만 그 음악이란 다름 아닌 찬송가이며, 찬송가를 올바르게 이해 및 습득하고 연주할 수 있게 하기 위한 목적으로 편찬된 것이다.

이 책의 저자 한영길과 박경호는 모두 숭실 출신이며, 숭실전도대에서 활

---

196) 한영길, 박경호, 『음악대해』, 평양: 아소교서관, 1923. 「서언」.

동을 했다. 그리고 둘 다 1918년 당시 마우리교수가 지휘자로 활동한 장대현 교회의 성가대원으로 활동했다는 공통점을 가지고 있다.[197)]

이 책을 숭실에서 음악교과서로 사용했다는 근거는 희박하다. 그렇지만 악보로만 구성된 『챵가집』을 보완해 주는 책이고, 평양에서 출판되었고, 저자가 모두 숭실 출신이라는 점을 미루어 볼 때 전혀 아니라고 하기도 어렵다. 음악교과서까지는 아니라 하더라도 숭실에서 음악을 공부하거나 음악에 관심이 있는 사람들에게는 매우 유용한 책이었을 것이다.

『성가선집』(聖歌選集)

『숭실대학교 100년사』에 의하면 박윤근이 음악교재를 만들었다고 한다.[198)] 『성가선집』을 두고 한 말인 것 같다.

『성가선집』은 숭실전문학교의 음악 담당 교수로 재직하고 있던 박윤근이 1929년에 발간한 것이다. 편집과 인쇄는 박윤근, 발행은 당시 학장이었던 마우리, 인쇄소는 평양 숭실전문학교 음악부, 발행은 삼자당에서 하였다. 등사본 악보집으로, 절기에 관한 곡 10편, 하나님을 찬양하는 곡 15편, 송영 2편, 그 외에 성도들의 결단과 도우심을 구사는 내용의 곡 10편 등 모두 37편의 곡이 수록되어 있으며, 대부분 4성부 혼성합창을 위한 곡이다. 이 책을 연구한 홍정수에 의하면 "숭실전문학교의 음악부가 쓰기 위해 자체적으로 만든 악보집이며, 여기에 실려 있는 성가곡들은 당시 미국에서 교회성가대가 쉽게 부르는 음악이었다"[199)]고 한다.

음악교과서까지는 아니더라도 음악부에서 사용하기 위해 만든 것으로 보

---

197) 한영길에 관해서는 그 외 알려진 것이 없지만, 공동저자인 박경호에 관해서는 '7. 숭실학교 출신의 음악가'를 참조.

198) 숭실대학교 100년사 편찬위원회, 『숭실대학교 100년사-평양숭실편-』, 226쪽.

199) 홍정수, 「박윤근(朴潤根)의 『성가선집』(聖歌選集, 평양 1929)」, 『음악과 민족』, 통권 23호, 2002. 10-11쪽.

인다.

특징

이와 같이 숭실학교에서 사용 또는 사용했을 것이라고 추정되는 음악교과서 및 음악교재의 특징을 살펴보면, 첫째 초기에는 주로 『찬셩시』와 『찬숑가』와 같은 찬송가집을 사용하였다는 점, 둘째 일찍부터 숭실 졸업생들이 『악전교과서』와 『중등창가』와 같은 교과용 도서를 만들었다는 점, 셋째 대부분 찬송가가 중심이었다는 점, 넷째 경성에서 만든 책과는 달리 일본창가와 일본군가 등 일본노래가 거의 없고 대신 서양 노래를 많이 수록했다는 점, 다섯째 극히 부분적이긴 하지만 한국 민요를 사용했고 또 서양노래의 한국화를 시도했다는 점 등을 들 수 있다. 경성의 영향이 아니라 경성과는 다른 음악전통이 만들어지고 있었던 것이다.

7. 숭실학교 출신의 음악가

'숭실' 출신 가운데 음악가로 활동한 사람은, 약 30여명으로 조사되었다. 이들의 숭실학교 시절의 활동을 비롯하여 한국음악계의 역할 및 의미, 공헌 등을 출생연도 순으로 살펴보면 다음과 같다.

김인식(金仁湜, 1885-1962) : 우리나라 최초의 음악교사이자 최초의 작곡가

평양 출생으로, 1900년 숭실중학에 입학하여 1905년 2회로 졸업을 하였다. 다음은 김인식이 쓴 자전적 일기 중 일부이다. 숭실중학교 입학과 가족들의 기독교 입문과정, 결혼 직후 학교의 사가(舍家)에서 신혼생활을 한 내용 등을 언급하고 있다.

갑오년 난리를 삼등 왜릉이란 산중으로 들어가 겪은 후 그 다음해 기미년에 평양성내 널다리골 예수교 학교에 들어간 것이 기독교의 사상을 받아들이게 된 동기라 하겠다.

삼촌의 권면에 의하여 일시 공립소학교에 갈 뻔 하였으나 야소교 학교에 들어가 보니 기독교 장로교인데 교인의 수가 100명 미만이고 예배 시에 부르는 찬송가도 큰 장지에 걸어 놓고 부르는데 예배당에는 풍금이 없고 성경도 순한문이었는데 김종섭(金鍾燮) 영수가 예배시마다 한문을 우리말로 새겨 읽어 주더라. 또 선교사 배위량(裵偉良) 씨가 자기의 사랑채에서 중학생을 모집하고 있었는데 나도 나아가 입학시험을 치렀는데 무난히 합격이 되어 십여명의 상투백이 학생 중에서 나 하나만이 머리를 땋아 늘어뜨린 총각이었다. -중략-

그런데 여기서 한가지 밝힐 것은 나의 부친이 기독교인이 아니고 기독교를 크게 반대하던 사람 중의 한분이신데 어떻게 기독교 학교에 입학하게 되었는지는 참으로 재미있는 일이다.

나의 조부께서 별장(別將)으로 평양촌 수비대에서 근무하실 때에 대동강 양우(洋憂) 사건에 관련되어 있었기 때문에 양학(洋學)이라 지칭하는 종교를 좋아할 까닭이 없었고 나의 부친께서도 일청전쟁 이후 표연히 방랑의 길을 떠나 조선을 두루 유람하시기 5년만에 평양 본가로 귀가하셨는데 이때는 묘하게도 나의 조부님과 아버님 외에 전 가족이 기독교에 입문한 때였었다. 이를 아시게 된 조부님께서는 크게 놀라 기독교에서 탈퇴하라고 엄명하셨다. 가족들이 항상 비밀히 예배당에 나아 갔었는데 이를 알게된 부친께서 대노(大怒)하시어 개인 개인을 향하여 배교하라는 다짐을 강요하시는데 마침 내가 조반을 먹고 어머님이 머리를 빗겨 주시는 때에 부친께서 밖에서 돌아오시면서 나에게 "너, 양악(洋樂)을 그만 두었느냐?"고 물으시는데 나는 아무 대답도 못하였다. 왜 대답이 없느냐고 재차 물으시는 데도 아무 대답이 없으므로 곧 나의 저고리에 차고 있었던 장도(長刀)를 빼어 내 가슴에 겨누며 대답 못하겠느냐고 최후로 강요하는 순간에 어머님이 부친의 손을 꼬옥 붙드시고 이것이 무슨 해괴한 망령이냐고 하시면서 참다 못하여 마침내 두 분의 싸움이 벌어지게 되자 나는 그 즉시 재빨리 도망하야 1년간이나 도산 안창호 선생의 주선으로 안창호 선생의 처가인 강서(江西)로 가서 음거하고 있었다.

이와같이 기독교에 대하여 반대하시던 부친이 어느 정도 누그러지시자 평양으로 되돌아온 후 어느 주일 판교 동(板橋洞) 예배당에서 예배 볼 때에 부친께서 지팡이 짚으시고 예배당으로 들어오시는 것을 보고 나는 무척이나 놀랐다. 그러나 영수께서 먼저 나의 부친의 손을 잡으며 이것이 웬일이냐고 반갑게 맞아들이실 때에 부친께서 "나 같은 자도 양학에서 받아 줄 수 있는가?" 이 말씀을 듣는 자가 다 혀를 차며 이상히 여겼었다.

이로써 인가귀도(引家歸道)하야 항상 웃음의 가정이 되었고 정유년(1896년)에 마포삼열 선교사에게서 세례를 받아 완전한 교인의 자격을 얻었고 갑신년(1900년) 한흥주(韓興周) 씨의 장녀 한영생(韓永生) 씨와 배위량 선교사의 집례로

성혼하여 학교의 사가(舍家)를 빌려 결혼 생활을 시작하게 되었었다.[200]

김인식은 앞에서 살펴 본 바와 같이 숭실학교 재학 시절 성악과 오르간, 음악이론, 트럼펫 등을 배웠다. 그리고 실력이 뛰어나 중학교 3학년 때 이미 하급생의 음악시간을 맡아 가르칠 정도였다. 1905년에는 우리나라 창작음악의 효시가 되는 〈학도가〉를 작사 작곡하였고, 상경하여 1907년부터는 상동청년학원 중학부의 교사가 되었다. 즉 우리나라 사람으로는 최초로 음악교사가 된 것이다. 이어 조양구락부에서 교사로 있으면서 홍난파와 같은 인재를 배출하였고, 배재를 비롯하여 보성, 휘문, 진명, 경신, 중앙중고등학교의 전신인 기호학교 등에서 음악을 가르쳤다.

1910년에는 『보중친목회회보』라는 잡지를 통해 〈애국가〉를 발표하였는데, 찬송가 〈천부여 의지없어서〉 겸 스코틀랜드의 민요인 〈올드 랭 사인〉의 선율에 가사를 만들어 붙인 것이다. 이 노래는 신흥무관학교의 〈애국가〉로도 불렸다.

화려강산 동반도는/ 우리 본국이요
품질 좋은 단군조선/ 우리 국민일세
무궁화 삼천리/ 화려강산
우리나라 우리들이/ 길이 보존하세.
〈김인식의 애국가〉[201]

1912년에는 현존하는 창가집 가운데 개인이 편찬한 가장 오래된 창가집인 『(교과적용) 보통창가집』을 출간하였다. 그리고 1914년에는 한국의 전통음악을 서양의 악보로 채보하여 『朝鮮舊樂靈山會上』이라는 악보집을 발간하였

200) 박은경, 「한국 최초의 작곡가 김인식 연구」, 『음악과 민족』통권 제19호, 2000년의 16-18쪽에서 재인용.

201) '부록 악보 2와 3' 참조.

다. 이 악보집은 영산회상 양금보를 최초로 서양의 오선보로 옮긴 것이다. 그런 한편 헨델의 〈할렐루야〉를 비롯하여 슈베르트의 〈아베마리아〉, 〈세레나데〉 등을 서양 명곡의 가사를 우리말로 번역하여 소개하였다.

교회음악의 발전에도 기여를 하였는데, 새문안교회와 정동제일교회의 성가대를 지도 하였고, 1931년에 발행한 『신정찬송가』의 개정위원과 교열담당자로 활동하였다. 그리고 찬송가 〈예수 만왕되니〉와 〈예수 나를 위하여〉의 가사를 만들었다. 이 두 찬송가는 모두 1905년에 발행한 초기의 찬송가집인 『찬셩시』에 수록되었으며, 이 중 〈예수 나를 위하여〉는 오늘날에도 널리 불리고 있다. 그밖에도 〈짠아〉, 〈꾀꼴새〉, 〈시골찬양대〉, 〈치하(致賀)하세〉 등 세계명곡을 우리말로 번역 소개하기도 하였다.

김인식은 전통음악과 서양음악을 두루 섭렵한 음악가였다. 서양음악 교사로 후진을 양성하면서도 늘 우리 심성에 맞는 음악을 개발해야 한다고 강조하였고, 일제가 강제로 보급한 관제 창가에 대응하여 우리 민족의 심성에 맞는 노래를 만들어 보급하기도 하였다. 그리고 숭실학교에서 추구한 "그리스도의 복음을 전파할 수 있는 참된 교사와, 이 민족과 국가와 교회의 앞날을 짊어지고 나갈 지도자의 양성"이라는 목적에 부합한 삶을 살고 실천한 진정한 '숭실인'이었다.

김형준(金亨俊, 1884-납북) : 가곡 〈봉선화〉의 작사자이자 음악교육의 선구자

울밑에서 봉선화야 네모양이 처량하다
길고긴날 여름철에 아름답게 꽃필적에
어여쁘신 아가씨들 너를반겨 놀았도다
〈봉선화〉[202]

202) '부록 악보 6' 참조.

가곡 〈봉선화〉의 1절 가사다. 1920년 홍난파는 자작 단편소설집 『처녀혼』의 서두에 〈애수〉라는 제목의 기악곡을 발표했는데, 1925년경 김형준이 이 곡에 "지금은 일제의 총칼에 짓밟히고 있지만 화창한 봄바람에 한국의 민족혼이 다시 회생한다"는 우리 민족의 부활을 염원하는 내용의 가사를 붙여 〈봉선화〉라는 제목의 가곡이 되었다. 〈봉선화〉는 한국예술가곡의 효시라는 역사성을 가지고 있는데, 이 가사를 만든 사람이 바로 김형준이다.

김형준은 황해도 안악 출생으로, 『한국양악백년사』와 『음악연감』을 비롯하여 한국근현대음악사 관련 각종 문헌에 숭실중학 출신으로 소개되어 있다. 그렇지만 『숭실대학교 100년사』의 초기 졸업생 명단에는 없고 활동기록도 없다. 다만 226쪽에 박윤근의 제자로 소개되어 있다. 박윤근은 1915년부터 숭실중학 교사로 있다가 유학을 다녀 온 후 1921년부터 다시 숭실대학에서 교편을 잡았다. 그런데 박윤근은 1891년 생으로 1884년 생인 김형준 보다 6살이 어렸으며 또 박윤근이 숭실중학 교사가 되기 전인 1914년 김형준은 이미 상경하여 1914년 당시 경신학교 음악교사로 재직 중이었으며 동시에 새문안교회 주일학교의 유년부 부장으로 활동하였다.[203] 박윤근의 제자가 아닌 것만은 확실하지만 숭실중학 재학 기간과 졸업연도는 확인되지 않았다.

선교사와 김인식에게 음악을 배웠다. 김인식의 오르간 연주에 큰 감동을 받아 오르간 연주자가 되려고 하였으나 고학하는 처지여서 배우기를 포기했고, 대신 맏딸 원복(金元福)을 한국을 대표하는 여성피아니스트로 길러냈다.

1921년 9월 23일 종로조선중앙기독교 청년학관에서 열린 동서음악대연주회에서 코넷을 독주한 바 있으며, 그 후 새문안교회에서 코넷과 클라리넷(clarinet) 연주회를 자주 개최하였고, 숭실동문이자 피아니스트인 김영환(金永煥)의 반주로 오랫동안 성악가로서도 활동을 하였다. 1929년에는 변영노(卞

203) 윤경로, 『새문안교회 100년사』, 서울: 새문안교회 창립 100주년 기념사업회 역사편찬위원회, 1995. 195쪽.

榮魯)·이은상(李殷相)·김형원(金衡瑗) 등과 함께 조선가요협회 창립 발기인의 한 사람으로 참여하고 작곡부를 담당하기도 하였다

진남포 예수교 소학교를 비롯하여, 경신중학교, 정신여학교, 중앙고등학교, 경기공업고등학교 등에서 음악을 가르쳤고, 국악을 채보 및 오선보로 옮기는 작업을 하기도 하였다. 우리나라 근대 양악사를 개척한 동시에 전통음악에 깊은 관심을 가지고 양악과 국악의 재통합을 시도했다는 음악사적 중요성을 가지고 있다. 1939년에는 김인식, 이상준과 함께 조선음악가협회로부터 '양악초창기의 공로자'로 표창을 받았다. 음악교육분야를 개척하였고, 민족찬송가 운동을 주도하였으며, 성악가와 코넷 주자로도 활동하였다. 〈봉선화〉를 비롯하여 〈저 구름의 탓〉, 〈나물 캐는 처녀〉, 〈개와 고양이〉, 〈한강노래〉, 〈평강의 왕〉 등의 가사를 남겼다.

박윤근(朴潤根, 1891-?) : 숭실에서 음악을 가르친 최초의 한국인

1914년 숭실대학 제5회로 졸업하였다.[204)]

김인환(金仁煥, 1891-1934) : 3·1운동 때 악대를 지휘한 관악연주자

1914년 숭실대학 제5회로 졸업하였다.[205)]

김영환(金永煥, 1893-1978) : 최초의 피아니스트 겸 연희전문학교 최초의 한국인 음악교수

> *내가 소위 서양 음악에 대한 꿈이 부풀기 시작한 것은 소학교에도 들어가기 전부터였다. 우리 집은 개회된 집안이라 나는 유아세계를 받은 교인이었고 대*

---

204) 박윤근에 관해서는 '5. 숭실학교에서 음악을 가르친 교육자'를 참조.

205) 김인환에 관해서는 '5. 숭실학교에서 음악을 가르친 교육자'를 참조.

여섯살되면서는 아버지를 따라 가끔 교회에 나갔었다.

내가 '오르간'이라는 것을 처음 본 것은 여섯 살 땐가 평양교회에 와 있던 미국인 선교사 집에서였다.

나는 얼굴이 예쁘고 코가 큰 서양 여자가 하얀 건반을 눌러서 소리를 냈을 때 그만 눈이 휘둥그래졌다. 이상한 소리를 내는 기계가 재미있고 신기하기만 했다.

그 다음부터는 교회에 나가서 찬송가를 따라 부르는 것에 재미를 붙여 교회 가는 시간만이 기다려졌고 다시 선교사 집에 놀러 갈 일이 생기지 않나 하고 손꼽고 있었다.

내가 다니던 예배당에는 풍금이란 게 없어 좀 섭섭했지만 그때도 나는 맨 앞줄에 나가 앉아 멋모르고 찬송가를 큰 소리로 불러대어 어른들의 면박을 받기도 했었다.

나의 할아버지는 좀 완고한 편이었는데도 아버지(金相殷)는 숭실중학을 1회[206]로 나온 개화된 분이었다. "신교육을 펴서 빨리 젊은 사람들을 개화시키는 것만이 나라를 되찾는 길이다"라고 입버릇처럼 말씀하셨고 나중에는 도산 안창호씨와 민족운동에 투신한 분이었다.

학교라고 들어가보니 학생은 모두 한 스무명이 될까, 대부분 나이 스물이 넘은 장가간 어른들이었고 나를 어리다고 마치 자기집 아들놈 취급을 하곤 해서 기분이 언짢았다. 공부보다는 창가시간만 기다려졌고 선교사집에 가끔 가서 풍금을 쳐보는게 커다란 즐거움이었다.

그때만해도 음악이란 천한 사람들이 하는 것이라고 괄시를 받을 때였는데 내가 어쩌다 집에서 찬송가를 부르고 있으면 완고한 할아버지는 "소리는 광대나 내는 거야!"하면서 야단을 치시곤 했다.

그러나 이해가 깊으신 아버지는 좀 달랐다. 내가 노상 선교사집 풍금만 기

---

206) 『숭실대학교 100년사』의 116쪽에 의하면 3회 졸업생이다.

웃거리는 것을 알고 어린 나의 소원을 풀어 주셨다. 내가 열 살이 채 못되어 선가 어느날 아버지는 말을 타고 5백릿길 경성에 다녀오시는 길에 조그만 풍금을 하나 사오셨다. 서울 진고개(충무로) 日人한테 사서 짐꾼편에 지워 온 것인데 풍금이 귀할 때였으니까 지금 기억에는 없지만 꽤 비싸게 샀을 것이다.

그때의 기분은 정말 하늘로 날 것만 같았다. 학교에서 돌아오기가 무섭게 책가방을 내팽캐쳐버리고 풍금에 꼭 매달려서 살았다. 드디어 아버지는 이웃 선교사부인에게 풍금을 배우도록 주선해 주셨다.

다시 중학은 평양에 와서 숭실중학을 다녔고 선교사 부인에게 풍금을 배우면서 손풍금이라는 '아코디언'도 좀 배우고 악기는 보이는 대로 조금씩 만졌다.

음악을 이해해 주시던 아버지가 돌아가시자 할아버지는 法科를 택하라고 강권하셨지만 난 法科는 인정머리 없고 딱딱해서 정말 하기 싫었다.

이러던 중 드디어 때는 오고 말았다. 할아버지가 江西에 있던 농장에 다녀오시게 돼 떠나시면서 앞집 사람에게 그 동안에 쓸 용돈을 맡겨 놓은 것이었다. 나는 이 절호의 기회를 놓쳐서는 안된다고 마음을 다져먹고 앞집에서 돈 50원을 도로 받아냈다. 당시 쌀 한 말에 30전 할 때니 50원이면 적은 돈은 아니었다. 나는 보따라를 챙겨들고 그대로 일본으로 도망쳐버리고 말았다. -이하 생략-[207]

우리나라 최초의 피아니스트인 김영환이 중앙일보 1974년 4월 19일자로 시작한 연재「남기고 싶은 이야기들」에 실은 내용을 발췌한 것이다. 음악을 접하게 된 계기를 비롯하여 숭실중학교 시절의 이야기와 일본 유학 과정 등 한국근대음악사 초기의 단면을 엿볼수 있는 내용이다.

김영환은 숭실중학 3회 졸업생인 김상은의 아들로 평양에서 출생을 하였

---

207) 이유선, 『한국양악백년사』, 120-121쪽에서 재인용.

다. 숭실중학 입학 이전부터 선교사에게 오르간을 배웠고 숭실중학 재학 중에는 음악교사이자 선교사인 방위량(邦緯良, William N. Blair)에게 본격적으로 오르간을 배웠다. 숭실중학 졸업여부와 재학기간은 정확하게 알려지지 않았지만, 대략 1910년대 초에 재학을 했고 졸업을 하지 않은 채 1914년 경에 일본 유학을 간 것으로 추정된다.

숭실중학에서 익힌 풍금 실력을 바탕으로 일본에서 동양음악학교와 동경예술대학의 전신인 동경음악학교에서 피아노를 전공하였다. 그리고 이로 말미암아 우리나라 사람 중 최초로 정규음악교육을 받은 사람이라는 기록을 갖게 되었다.

1918년 귀국 후 서울에서 열린 거의 모든 중요 음악회에 출연했다고 해도 과언이 아닐 정도로 왕성한 연주 활동인 펼쳤는데, 1920년대까지만 해도 음악회에 그의 이름이 빠지면 청중이 모이지 않을 정도로 인기가 높았다.

그런 한편 음악과가 없는 연희전문학교의 음악과장으로 부임하여 1918년부터 1928년까지 동아리 활동의 일환으로 설치된 음악부의 지도교수로 있으면서 많은 음악인재를 배출하기도 하였다. 그러니까 숭실 출신이 연희전문학교 교수가 되어 음악인재를 대량 양성 및 배출시킨 것이다. 연희전문 이후에는 숙명여고의 특별 교사로 초빙되어 수많은 피아니스트를 배출하였는데, 유명한 무용가 최승희도 이때의 제자 중의 한 사람이다. 작곡에도 관심을 보여 여러 편의 창가를 작곡하였고, 여러 학교의 교가를 작곡하기도 하였다. 현재까지도 애창이 되고 있는 베르디 작곡의 오페라 「리골렛토」 가운데 나오는 유명한 아리아인 〈여자의 마음〉을 번역하기도 하였으며, 우리나라 사람으로는 최초로 피아노를 소유하였다는 진기록도 가지고 있다.

이성식(李聖植, 1894-?) : 미국에서 음악으로 애국운동과 독립운동 전개

대한청년 학생들아 동포형제 사랑하고
우리들의 일편단심 독립하기 맹약할세
화려하다 우리강산 사랑하자 우리 동포
자나깨나 잊지 말고 길이 보존 하옵세다
학도야 학도야 우리 주의는
도덕을 배우고 학문 넓혀서
삼천리 강산에 좋은 강토를
우리 학생들이 보전 합세다
〈학도야〉[208]

이성식이 작곡한 〈학도야〉(일명, 〈대한학도가〉 또는 〈학도가〉)라는 곡의 1절 가사이다. 안창호가 만든 애국시에 곡을 붙인 것이다. 이 곡을 작곡한 이성식은 앞에서 살펴 본 『중등창가』의 저자이기도 하다.

이성식은 평양 출생으로, 장대현교회 이덕환 장로의 아들로 성악과 트럼펫을 잘했으며, 1908년부터 1912년까지 숭실중학과 일본의 동양음악학교에서 공부를 하였다. 1910년경 애국창가집인 『중등창가』와 〈애국가〉를 만들어 각 학교에 보급하였고 이로 말미암아 일본 관리에 체포되어 감옥을 갔다. 이 사건은 '애국가 지은 죄'라는 제목으로 당시 미국에서 발행한 동포신문에도 보도될 정도였다.

애국가 지은 죄

중략- 세상에 나라사랑하는 죄라는 말은 한국밖에 없을 것이다. 평양에 이

---

208) '부록 악보 7' 참조.

덕환씨의 아들 이성식이란 학생은 나이 이제 열여덟 살인데 위인이 총명준수 하여 세상사람이 칭찬하기를 저 아이는 장래에 안창호의 이상인물이 될이라 하는 터인데 이성식이가 중왕에 애국가를 지은 바 있으니 이 노래는 과연 강개 격절할 뿐 아니라 한번듣는 자- 피가 뜨거워지며 기운이 왕성하여 곧 산을 흔들며 바다를 뒤집을만하여 그 일편단심이 나라를 위하여 외(?)길 것이 없게 되었은 고로 각 학교에서 이 노래를 가지고 학도의 창가를 가르치더니 하루는 일인(日人)관리가 어떤 학교에서 이 노래를 듣고 즉시 각 학교에 있는 서적 중에 이 노래가 있는 책은 몰수하여 걷어가더니 필경에는 이 노래지은 사람이 누구냐하고 궁극히 사출하여 이성식인줄 알고 금년 2월에 이성식을 잡아다가 지금 것 평양옥중에 가두어 두었는데 장차 징역을 시킨다하니 이 한가지를 보더라도 日人이 한국에 와서 어찌하는 것을 가히 알리라[209]

이후 미국으로 건너 가, 1914년에 로스앤젤레스 인근에 있는 포모나(pomana)의 대학촌인 클래어몬트(claremont) 한인학생양성소에서 음악교사로서 밴드를 운영하고 음악을 지도하면서 도산 안창호와 함께 한인국민회 운동을 하였다. 그리고 1934년 단우번호 278번으로 흥사단에 가입하였고 그 후 흥사단 주요 행사에 참석하여 애국창가를 부르기도 하였다. 미국 내 한인들의 중요 행사장에서 애국창가를 부르고 보급하는 등 주로 음악을 통한 독립운동을 전개하였다. 대표적인 예로 1943년 11월 17일 미국 로스엔젤레스에서 재미 한족연합위원회가 주최한 순국선열 기념일에서 "긴 날이 맞도록 생각하고…"로 시작하는 안창호 선생 작사의 〈애국가〉를 불렀고, 1945년 1월 21일에는 안창호 선생이 작사한 〈잊지마라〉라는 애국창가를 불렀다.

1947년 미국에서 〈학도야〉(안창호 작사)를 발간하였는데, 악보 후반에 수기로 "국가 민족에 자유 행복을 위하여 희생하신 선생(필자주: 도산 안창호 선생)

209) 『신한민보』, 1910년 6월 29일.

의 맑고 붉은 애국성은 선생께서 청년학생들에게 주신 노래에 표현되었나이다. 기대하던 기회를 얻음에 선생께서 주신 이 노래를 후에 청년학생 제군들에게 전하나이다. 이것이 바로 선생께 받은 사명입니다"라고 적혀있다.

애국창가를 작곡하고 애국창가집을 편찬하여 국내는 물론 미국 내의 동포들에게 보급하였고, 또 노래를 통하여 애국운동과 독립운동을 전개한 음악가이다.

김형직(金亨稷, 1894-1926) : 김일성의 아버지이자 북한 음악 개척자

조국광복의 큰 뜻을 품으신 선생님께서는 1911년 봄에 평양숭실중학교에 입학하시여 많은 지식을 습득하시는 한편 반동적인 학교당국을 반대하는 동맹휴학에로 학생들을 힘있게 불러일으키시였으며 그들 속에서 반일 선전을 널리 진행하시였다. 선생님께서는 1913년 봄에 직업적인 혁명가로 나서실 것을 결심하시고 숭실중학교를 중퇴하신 후 만경대 순화학교에서 교편을 잡으시고 혁명활동을 벌리시였다. 1916년 봄에 평안남도 강동군 봉화리로 혁명활동의 중심지를 옮기신 김형직선생님께서는 명신학교에서 교편을 잡으시고 혁명활동을 더욱 적극적으로 벌려나가시였다.[210]

위의 기술은 평양에서 발행한 『문학예술사전』에 나오는 내용이다. 이에 따르면 김형직이 1911년에서 1913년까지 2년간 숭실중학을 다녔다. 『숭실대학교 100년사』에도 숭실중학 중퇴로 나와 있다.[211]

북한에서는 김일성의 아버지인 김형직에 의해 가요음악이 새로운 단계로 발전했다고 선전하고 있다. 그리고 〈자장가〉, 〈전진가〉, 〈명신학교교가〉, 〈남

---

210) 과학백과사전종합출판사(편), 『문학예술사전 상』, 평양: 과학백과사전종합출판사, 1988. 325쪽.

211) 숭실대학교 100년사 편찬위원회, 『숭실대학교 100년사-평양숭실편-』, 449쪽.

산의 푸른 소나무〉, 〈일어나라 동포야〉 등을 작곡했다고 하면서, "김형직선생님의 노래들은 민족적 특성을 옳게 구현하고 사상성과 예술성을 높은 수준에서 훌륭히 통일시킴으로써 인민대중의 구미와 정서에 맞는 애국적이며 혁명적인 음악으로 될수 있었으며 인민대중을 〈지원〉의 애국사상으로 튼튼히 무장시키고 조국광복을 위한 성스러운 싸움에 힘있게 불러일으키는 전투적 기치로 될 수 있었다. 또한 선생님의 노래들인 이 시기 가요음악발전에서 가장 높은 단계에 이른 음악으로 되었을 뿐 아니라 위대한 수령 김일성동지께서 조직령도하신 항일혁명투쟁시기 당적이며 혁명적이며 인민적인 음악예술의 터전으로 되었다"[212]고 역사적 자리매김을 하고 있다.

주지하다시피 이 시기는 남북이 분단되지 않았던 시기이다. 그렇지만 북한의 음악사에서는 1910년대에서 1920년대 초에 걸친 김형직의 활동으로부터 북한의 음악사를 시작하고 있다. 한마디로 '북한 음악 개척자'라는 것이다.

그런데 김형직이 작곡했다고 하는 곡의 작곡자가 진짜로 김형직인지의 사실 여부는 좀 더 확인이 필요하다. 그렇지만 음악에 조예가 있었던 것은 사실일 가능성이 높다. 숭실중학 시절 학교에서 음악을 배웠기 때문이다.

이두산(李斗山, 본명은 李賢壽, 李然浩라는 이름도 사용, 1896-?) : **독립군가 및 광복군가 작곡가**

경상북도 달성군에서 태어났으며, 1917년 9월 숭실대학을 중퇴하였다. 이후 중국에서 대한민국 임시정부를 비롯하여 한국독립당·민족혁명당·조선의용대·한국광복군 등에서 활동하였다.

문필에 뛰어나 1930년대에 한국독립당 광동지부의 기관지인『한성(韓聲)』을 발행한 것을 비롯하여, 혁신사(革新社)라는 출판사를 운영하면서『최근한

---

212) 과학백과사전종합출판사(편),『조선음악사 2』, 평양: 과학백과사전종합출판사, 1990. 338쪽.

국의사열전』을 출판하였고, 1939년 이후에는 조선의용대 기관지인 『조선의용대통신』편집주임으로 활동하였다. 1942년 경 한국광복군에 들어 가 1943년 3월부터 1년 동안 법무부 차장을 맡았다. 해방 후에는 귀국하여 조선대중당을 조직하였고 동방문화협진사를 설립하여 사장으로 재임하다가 한국전쟁 당시 납북되었다.

여러 편의 독립군가 및 광복군가를 작사·작곡하였는데, 대표적인 작품으로는 〈선봉대가〉, 〈광복군행진곡〉[213] 등이 있다.[214]

박경호(朴慶浩, 1898-1979) : 피아니스트 겸 최초의 관현악 지휘자

'천재 피아니스트'. '피아노의 명수', '조선 악단의 제1인자', '최초의 관현악 지휘자', '최초의 미국 유학 남성 피아니스트', '최초의 음악전문 방송해설가', '최초의 남자 피아노 교수'란 수식어가 붙은 음악가가 있다. 여러 사람이 아니라 한 사람이다. 그 사람이 바로 박경호이다.

박경호는 평양 출생으로, 숭실대학 재학 시절부터 이미 촉망받는 피아니스트로 활발한 활동을 하였다. 1921년 숭대학생전도대(崇大學生傳道隊)의 일원으로 활약을 하였고, 같은 해 졸업생을 위한 재학생 축한음악회에 출연하여 피아노 연주를 하였다. 그리고 졸업식에서 재학생 대표로 송사를 하였는데, 이 송사문이 당시 일간지에 실릴 정도로 문장력도 뛰어났다.[215] 1922년 2월에는 평양 산정현(山亭峴)교회 청년전도대가 주최한 '대음악회'에 출연하여 숭실음악의 진가를 보여 주었고, 같은 해 숭실음악단의 일원으로 황해도 안악읍교회 등지에서 초청 연주회를 개최하였으며, 1923년에는 숭실대학전도단의 일원으로 만주 등지에서 활동을 하였고, 같은 해 숭실동문인 한영길

---

213) '부록 악보 12' 참조.

214) 독립군가보존회 편, 『독립군 가곡집 광복의 메아리』, 독립군가보존회, 1982.

215) 『동아일보』, 1921년 4월 11일. 이 글은 『숭실대학교 100년사-평양숭실편-』, 146쪽에 재수록 되었다.

과 함께 『음악대해』라는 저서를 발간하기도 하였다. 숭실대학 졸업 후에는 중국 남경에 있는 금릉대학으로 유학을 가 영문학을 전공하였고 1925년 귀국하여 숭실중학에서 잠깐 교편을 잡았다. 그리고 상경하여 음악전공을 한 선교사인 부츠(Books)부인과 함께 1926년 중앙악우회를 조직하였다.

중앙악우회는 실내악 수준과 아마추어 수준에서 머물러 있던 악단의 수준을 한 단계 발전시킨 최초의 본격적인 관현악단이라는 역사적 중요성을 가지고 있으며, 우리나라에 서양의 순수 클래식음악을 뿌리내리게 하는데 중요한 역할을 하였다. 그리고 후에 생긴 교향악단의 모델이 되었으며, 그 단원들은 교향악 운동의 선구자로서 많은 활약을 하였다. 여기서 박경호는 지휘자로서, 피아니스트로서 또 악단의 운영을 책임진 중추적인 인물로서 활동을 한 것이다.

이후 1928년 미국을 유학을 가 피아노를 전공하였는데, 당시 언론에서는 그의 도미소식부터, 유학 중의 활약, 귀국소식, 귀국독주회 소식 등에 이르기까지 보도를 하였다. 그만큼 중요한 음악가였던 것이다.

> *일찍이 숭실대학을 마치고 남경 금릉대학에서 공부한 피아니스트 박경호(30)씨는 그간 서울에서 이화, 정신 등에서 피아노를 교수하며 유일한 관현악단 중앙악우회를 지휘하더니 이번에 더욱 그 천재적 소질을 가진 재주를 연마하려고 미국 오하이오주 신시내티 음악학교로 피아노 전공의 목적을 가지고 일간 떠나리라더라*[216]

박경호는 미국 유학 중 논문이 일등에 당선되는 쾌거를 이루게 되는데, 이에 관하여 당시 신문에서는 다음과 같이 보도하였다.

---

216) 『동아일보』, 1928년 5월 3일.

일찍이 숭실전문을 졸업하고 서울 이화에서 이년간 음악교수를 하고 있던 박경호씨는 작년봄부터 미국 오하이오 신시내티 음악전문학교에서 음악을 전공하고 있는데 동교에서 백여명이 응모한 현상논문에 박경호씨의 「음악의 진화된 경로」라는 논문이 일등 당선이 되어 조선 학생의 특색을 미국에 가서 발휘하였다는데 이 우수한 논문은 동교내에 진열하여 일반에게 열람케 하였다더라[217)]

또한 그의 귀국 소식을 다음과 같이 보도하고 있다.

피아노의 천재라고 칭송을 받는 박경호(33)씨는 지금부터 5년전 미국으로 건너가 오하이오주 신시내티 음악학교에 음악을 전공하여 비엠(BM)의 학위를 얻어가지고 금의환향, 지난 19일 오후 10시 15분착 열차로 지그 다수의 환영을 받으며 입경하였다.

씨는 일즉이 평양숭실전문에서 배우고 중국으로 건너가 남경 금릉대학에서 영문학을 마친 후 경성에 돌아와 이화전문과 정신여학교에서 피아노를 교수하다가 미국으로 건너갔는데 씨는 본시 음악 특히 피아노에 특출한 재질을 가지었음으로 신시내티 음악학교에서도 명성이 높아다고 한다.

씨는 이화전문의 교수로 초빙되어 오늘 9월 학기부터 교수하리라고 한다.[218)]

박경호는 처음부터 미국 유학을 생각했는데, 좀처럼 이루어지지 않다가 1928년 30세의 나이가 되서야 그 꿈이 실현되었다. 그가 유학을 한 곳은 미국의 중부 오하이오주에 있는 신시내티 음악학교로, 뒤를 이어 〈애국가〉의

---

217) 『동아일보』, 1929년 8월 2일.

218) 『동아일보』, 1932년 8월 21일.

작곡자 안익태도 유학을 한 미국의 명문 음악학교였다. 여기서 4년간 피아노를 공부한 뒤 귀국하여 이화여자전문학교의 교수로 부임을 하게 된다. 숭실 동문인 김영환의 뒤를 이어 남자 피아니스트 제2호가 되었으며, 이화 출신인 김애식의 뒤를 이어 미국 유학을 마치고 돌아 온 제2호 피아니스트가 된 것이다. 그리고 1세대 남성 피아니스트 가운데 최초로 대학의 교수로서 피아노 전공인 학생을 가르친 사람이라는 기록을 갖게 되었고, 남성 피아니스트서 최초로 미국 유학을 하였다는 기록도 갖게 되었다.

귀국 후 곧 귀국독주회를 개최하였는데, 유학 이전부터 이미 많은 활동을 하였고 피아니스트로도 명성이 높았기 때문에 그의 귀국연주회는 당연히 음악계뿐만 아니라 세간에 주목을 받았다. 당시 신문은 그의 귀국독주회에 관해 다음과 같이 전하고 있다.

> *미국의 오하이오 주에 있는 신시내티 음악학교에서 4년 동안 음악을 연구하고 돌아 와 현재 이화여자전문학교 음악과에 교편을 잡고 있는 피아니스트 박경호씨는 귀국 후 처음으로 피아노 독주회를 오는 6월 2일 밤 여덟시 20분부터 시내 장곡천정공회당에서 열게 되었습니다. 곡목은 전부 일반이 이해하기 쉬운 것으로, 쇼팽, 베토벤, 슈만 등 악성(樂聖)의 명곡에서 선발하여 연주하기로 되었습니다. 주최는 조선음악가협회로 회비는 일원, 오십전, 삼십전 이랍니다.*[219)]

박경호는 귀국과 함께 이화여자전문학교 교수로 부임하여 1936년까지 재임을 하였다. 그리고 1936년 1년간은 연희전문학교 음악부 담당 교수로 초빙되었다. 현제명이 안식년으로 도미를 하자 그 자리를 맡아 연희전문학교 음악부의 담당 교수와 동교의 관현악단 지휘자로 활동을 하게 된 것이다.

---

219) 『매일신보』, 1933년 5월 30일.

특이한 것은 단순한 피아니스트가 아니라 음악이론에 박식하고, 영어가 능통하고, 철학에 조예가 깊고, 문장력이 뛰어나고, 언변이 좋은 남성 피아니스트였다는 점이다. 그로 인해 학교에서는 피아노와 함께 음악이론과 작곡도 가르쳤고, 대학 교재 개발에도 힘을 써 『시창청음』, 『화성학』, 『음악사』, 『음악감상』과 같은 책을 번역하기도 하였다. 그리고 학교 밖에서는 평론가로서도 활발한 활동을 하였다.

그런데 불행히도 어느 날 자전거를 타고 출근을 하다가 눈길에 미끄러져 손을 다치고 말았다. 피아니스트로서의 생명을 잃고 만 것이다. 그렇지만 이에 굴하지 않고 보다 자유로운 음악인의 길을 택하여 한때 '조선악단의 제1인자'라는 말을 들을 정도로 활발한 활동을 하였다.

그런 한편 작곡가로서도 활발한 활동을 하였다. 1936년 숭실 동문인 현제명이 『아동찬송가』를 발행하였는데, 이를 통해 〈조선의 꽃〉[220], 〈어린 백합화〉, 〈동화감사가〉, 〈우리 교장 예수〉, 〈선물〉 등의 창작 아동찬송가를 발표하였다.[221] 그리고 같은 해 역시 숭실 동문인 강신명이 편찬한 『아동가요곡선300곡집』을 통해 동요 〈산으로 바다로〉(이광수 작사), 〈자장노래〉(이광수 작사), 〈널뛰기〉(김태오 작사) 등을 발표하였다.[222] 또한 1939년 6월 8일과 9일 동아일보 주최로 부민관에서 열린 '제1회 전조선 창작작곡발표대음악제'에서 창작 피아노곡인 〈습작원무곡 제2번〉을, 같은 해 경성방송국을 통하여 창작 가정가요인 〈가을 걷이〉를 발표하기도 하였다.

그와 동시에 홍난파와 더불어 가장 영향력이 있는 음악 평론가로 활동하기도 하였고, 1940년에는 지휘자로 복귀하여 우리나라 최초의 본격적인 민간 심포니 오케스트라인 조선교향악단을 창단 및 창단지휘를 하였다. 이때 베토벤의 〈에그몬드〉서곡과 슈베르트의 〈미완성교향곡〉 등을 지휘하였다.

---

220) '부록 악보 11' 참조.

221) 현제명, 『아동찬송가』, 서울: 종교교육부, 1936. 참조.

222) 강신명, 『아동가요곡선300곡집』, 평양: 농민출판사, 1936. 참조.

해방 직후에는, 해방 후 조직된 최초의 음악단체인 '조선음악건설본부'의 대표격인 중앙위원장직을 맡아 음악계를 이끌어 갔으며, 동시에 음악전문 방송해설가로 활동을 하면서 음악 해설의 길을 개척하였다. 그 후 미국 시찰을 갔다가 정착하여 미국의 소리 방송에서 근무했고 또 독실한 기독교 신자로서 남은 여생을 의료봉사 활동하면서 보냈다.

이와같이 박경호는 피아니스트로 시작하여, 음악대학 교수, 작곡가, 오케스트라 지휘자, 평론가, 방송해설가로 명성을 날렸리면 한국음악 발전에 많은 공헌을 하였다.

독고선(獨孤璇, 1899-1971) : 피아니스트이자 경성보육학교 설립자

옛날부터 전해 오는 쓸쓸한 이 말이
가슴 속에 그립게도 끝없이 떠오른다
구름걷힌 하늘 아래 고요한 라인강
저녁 빛이 찬란하다 로렐라이 언덕

우리가 잘 아는 독일 노래 〈로렐라이〉의 1절 가사이다. 우리는 누구나 중학교 음악시간에 "라인강을 오가는 뱃사람들이 요정의 아름다운 노랫소리에 이끌려 넋을 잃은 사이에 배가 물결에 휩쓸려 암초에 부딪쳐 난파한다는 전설을 간직하고 있는 노래"라는 음악 선생님의 설명과 함께 '요정의 바위'라는 뜻을 가진 이 슬픈 아름다운 노래 〈로렐라이〉를 배운다. 그리고 독일 여행을 가면 로렐라이 언덕을 한번쯤 가보거나 가보고 싶어 한다. 그런데 정작 이 노래를 그렇게 좋아하면서도 아름다운 우리말로 번역 소개한 사람에 대해서는 모른다. 그 사람은 독고선이다.

독고선은 선천(宣川) 출생으로 숭실중학을 졸업하였다. 그리고 연희전문학교로 진학하여 음악부원으로 활동하면서 연희 4중창단의 일원으로도 활동하였다. 연희 전문학교 재학 시절부터 세계 명가곡을 번역하여 소개하였는데, 중고등학교 음악교과서에 그가 번역한 노래가 적지 않게 수록되었다.

젊은 시절 피아니스트로 활동을 하였으며, 1922년 2월 6일에 평양 산정현(山亭峴)교회 청년전도대가 주최한 '대음악회'에서 숭실 동문인 박경호와 함께 피아노를 연주하기도 하였다.

일제강점기에는 중앙보육학교에서 피아노를 가르쳤고 경성보육학교를 설립하여 교장을 역임하는 등 주로 유치원교사 양성 교육에 치중을 하였으며, 1929년에는 『어린이』지를 통하여 창작동요 〈단풍잎〉(윤석중 가사)을 발표하기도 하였다.

해방 후에는 고려교향악단 이사장을 역임하였고, 그 후 이화재단 이사장 및 전국문교재단연합회장을 역임하였다.

차재일(車在鎰, 생몰연도 미상) : 1세대를 대표하는 테너 중 한사람

1900년 전후에 태어 나, 1916년경 숭실대학에 입학하였으며 1921년경에 졸업을 한 것으로 추정된다.[223]

김태술(金泰述, 1899-1979) : 초기의 성악가

전문음악가로 활동을 하지 않았지만, 나름대로 음악계에 기여를 한 인물이다. 1916년 숭실대학에 입학하여 1921년 제12회로 졸업을 하였다. 재학 중 숭실전도대의 일원으로 활동하였으며, 평양 3·1 만세 운동의 주동자 중 한명으로 체포되기도 하였다.[224] 졸업 후 박태준, 현제명, 권영화와 함께 영남 지역 최초의 중창단인 교남4중창단의 단원으로 활동하면서 초기의 성악가로 영남지역에 서양음악을 보급하는데 앞장을 섰다. 이후 미국으로 유학

---

223) 차재일에 관해서는 '5. 숭실학교에서 음악을 가르친 교육자'를 참조.

224) 숭실대학교 100년사 편찬위원회, 『숭실대학교 100년사-평양숭실편-』, 464쪽.

을 가 MIT공대에서 전기학을 전공하였으며, 이때 숭실동문인 현제명과 함께 북미성악콩쿠르에 출전하는 등 성악가로서도 활동을 하였다. 1935년 여류 성악가인 추애경과 결혼하였는데, 전문음악가가 아니라 음악 후견인의 길을 택하였다.

박태준(朴泰俊, 1900-1986) : 한국합창음악 개척자 겸 작곡가

1916년 숭실대학에 입학하여 1921년 12회로 졸업을 하였다.[225]

현제명(玄濟明, 1902-1960) : 한국음악계의 대부이자 성악가 겸 작곡가

백두산 벋어내려 반도 삼천리
무궁화 이 강산(동산)에 역사 반만년
대대로 이어(예) 사는 우리 삼천만
복되도다 그 이름 대한(조선)이로세

배를 저어가자 험한 바닷물결 건너 저편 언덕에
산천 경개 좋고 바람 시원한 곳 희망의 나라로
돛을 달아가 부는 바람 맞아 물결 넘어 앞에 나가자
자유 평등 평화 행복 가득찬 곳 희망의 나라로

앞의 노래는 이은상 시에 곡을 붙인 현제명 작곡의 〈대한의 노래〉(조선의 놀애)[226]이고 뒤의 노래는 현제명이 직접 작사·작곡한 〈희망의 나라로〉 1절 가사이다. 현제명의 첫 번째 창작품이라는 의미를 가지고 있는 〈대한의 노

225) 박태준에 관해서는 '5. 숭실학교에서 음악을 가르친 교육자'를 참조.
226) 괄호 안은 원 가사 및 원 제목.

래〉는 1931년에 발간된 『현제명 작곡집 제1집』[227]을 통해 발표된 곡이고, 〈희망의 나라로〉는 1933년에 발간된 『현제명 작곡집 제2집』을 통해 발표된 곡이다. 우리 민족은 〈대한의 노래〉와 같이 나라를 빼앗긴 암울한 시대에도 조국을 예찬하고, 〈희망의 나라로〉와 같이 조국의 광복을 염원하고 민족에게 희망을 주는 이런 노래들이 있었기 때문에, 그것이 한 줄기 빛이 되어 식민지라는 어둡고 지난한 터널로부터 빠져 나올 수 있었을 것이다. 이 두 노래는 해방 후에도 오랫동안 국민가요로 애창이 되었다.

우리나라 근현대 음악사에서 가장 많은 업적을 남기신 한 사람을 꼽으라면 현제명이라고 답하는 사람이 적지 않을 것이다. 그는 성악가로서, 작곡가로서, 음악교육자로서, 음악행정가로서 커다란 족적을 남겼지만 무엇보다도 악단의 제1인자로서의 역할을 하면서 한국음악계의 전반적인 틀을 만드는데 기여를 하였다는데 의미가 있다.

대구에서 태어난 현제명은 대구 계성학교를 거쳐 음악을 공부하기 위하여 1920년 숭실대학에 입학하여 1924년 제15회로 졸업을 하였다. 당시 숭실대학에서는 음악교육에 각별히 역점을 두었기 때문에 비록 음악과는 없었지만 학생들이 원한다면 음악을 전공하다시피 공부할 수 있었다고 한다.[228] 재학 시절 솔토부인으로 알려진 그레이스 짐머만 솔타우(Grace Zimmerman Soltau)에게 피아노를 배웠고, 또 료트(Retos)부인에게 성악을 배웠다. 그러면서 활발한 음악활동을 펼쳤는데, 대표적인 것으로 1921년 5월 숭실대학의 지육부(智育部)가 주관한 대강연회에서 독창을 하였고, 같은 해 여름방학에는 교남학생 전도대 일원으로 영남지역 일대에서 음악전도 활동을 하였으며, 같은 해 동계방학에는 남만주 일대에서 동포들에게 음악을 통하여 그리스도의 복음을

227) 이 작곡집은 1938년 5월 14일 조선총독부 경무국에 의해 '치안방해'라는 이유로 금지 처분을 당했다. 『조선총독부 금지단행본목록』, 조선총독부 경무국, 1941년 1월판, 참조.

228) 숭실인물사편찬위원회, 『인물로 본 숭실 100년(제1집)』, 서울 : 숭실대학교 출판부, 1992. 120쪽.

전파하고 애국심을 고취시키고 일을 하였다. 1922년 6월 10일에는 이천교회에서 조만식 선생을 초청하여 강연회를 개최하였는데 이때에는 바이올린을 연주하여 "서늘한 바람과 같이 노동에 지친 교인들에게 많은 위로를 주었다"[229]고 한다. 1923년 6월에는 숭실전도대원의 일원으로 봉천 등지에서 활동을 하였고, 같은 해 10월에는 숭실중학 동창 기념음악회에 출연하여 박경호와 피아노합주을 하였다.

음악에 큰 뜻을 둔 현제명에게 새로운 기회가 찾아 온 것은 4학년 때이다. 당시 테너 선교사인 로디히버(Home A. Rodehever)에게 인정을 받아 그의 주선으로 미국 시카고에 있는 무디성경학교(Moody Bible School)로 유학할 수 있게 된 것이다. 음악학교 유학에 앞서 신학교에 입학한 것은 음악가로 성장하려면 우선 기독교 교리에 대한 철저한 지식과 신앙을 깊게 해야 한다는 로디히버의 의도 때문이었다고 한다.[230] 숭실대학을 졸업 후 잠시 전주에 있는 기독교계열 학교인 신흥학교의 음악교사로 있다가 1926년 미국 유학을 떠났는데, 당시 신문에서는 그의 도미 유학 소식을 다음과 같이 알렸다.

> *현제명씨 도미*
>
> *음악을 전공코저*
>
> *전북 전주 신흥학교 고등과 교원으로 있던 현제명씨는 음악을 연구코저 지난 달 29일 오후 8시발 열차로 출발하여 미국으로 향하였다더라*[231]

무디성경학교에서 약 1년간 공부를 한 후 시카고에 있는 건(Gunn)음악학교에서 성악을 전공하면서 작곡공부도 했는데, 재학 중 미국으로부터 큰 낭보가 날라 왔다. 미국 콩쿠르에서 1등을 한 것이다.

---

229) 『동아일보』, 1922년 6월 19일.

230) 숭실인물사편찬위원회, 『인물로 본 숭실 100년(제1집)』, 121쪽.

231) 『동아일보』, 1926년 12월 3일.

교단(教壇)에서 악단(樂壇)에

국제악가(國際樂家)로 활약

전미현상음악회(全美懸賞音樂會)에서

동포학생이 일등에

◇ 북미 와이누나에서 열린 전미국음악대회에서 ◇

◇ 조선학생 현제명씨가 일등에 당선된 기쁜 소식 ◇

평양출생의 소프라노[232] *현제명씨*

지난 8월 8일부터 28일까지 삼주일동안 북아메리카 피서지로 유명한 와이누아 호반에서 전미주(全美洲)에 있는 각국 학생 중에서 "내노라"고 일컫는 음악가 이백여명이 모여 하기 음악대회를 열고 대회 최종 이틀 동안은 현상 독창대회를 연 바 그곳에 참석하였던 조선 동포 세명 중 현제명씨가 1등으로 발표되었다.

반갑기 한량없는 소식은 적막하던 반도 악단의 귀를 새롭게 또 경이적으로 띄우게 한다! 당석에 참석한 각국의 일류음악가는 작곡가, 성악가, 기악가를 망라한 모임인 만큼 실로 장관이상의 장관을 이루었으며 수백명의 멜로디는 고요하고 한가롭게로 와이누나의 자연성을 진동케 하였는데 남녀로 부를 나누어 각각 소유의 독특한 음악을 발휘하여 완연히 국제적 무대를 연출하였다. 그리하여 대회가 마치자 수십명의 심사위원은 합평회(合評會)를 열고 재삼 고려 심사한 결과 필경 남자부의 고음 독창으로 조선 동포 현제명씨가 일등이라고 발표되었는데 이 말이 심판장의 입으로부터 끝나자마자 만회의 박수성은 멀리 태평양을 격하고 고국을 연상하는 우리 동포는 물론이오 수천수백의 관중의 웃음과 감격의 눈물을 자아내었다. -중략-

심판장은 미국에서도 유명한 음악학교 교장이요, 작곡가로 명성이 자자한 이인데 시상을 마친 후 특별히 현씨를 단상에 올리어 일반에게 소개한 후 이러

---

232) 테너를 소프라노로 표현한 것이 이채롭다.

한 천재적 성악가를 "코리아"(朝鮮)가 산출한 것은 "코리아"의 영광일 뿐 아니라 국제 악단에 큰 광채라고 소개한 후 각 심판은 손이 부서지는 듯한 굳은 악수를 마친 후 각각 축하를 표하였다.

(시카고 특신)

◇ 현씨의 약력

현군은 일찍이 고국 평양에서 숭실대학을 마치고 수년간 전주에서 교편을 잡다가 작년에 미국에 건너가서 건 음악학교 연구과에서 연구 중이라 한다.[233)]

귀국 후 1929년 봄부터 연희전문학교 영어교수로 있다가 김영환의 뒤를 이어 그해 9월 연희전문 음악부장으로 부임해 음악부의 관현악단과 합창단을 지도했으며 그와 동시에 음악전공자가 아닌 학생들을 음악가로서 성장 및 활동을 하게 하였다. 작곡의 김성태, 임동혁, 김연준 성악의 이유선, 이인범, 지휘의 김생려, 바이올린의 정희석, 문학준 등이 이때 배출된 음악가들이다. 또한 1929년 연희전문학교 관현악단을 조직하여 약 10여 년간 봄 가을로 음악회를 열고 지방 순회를 하는 등 관현악 운동과 함께 계몽연주회를 하면서 당시의 연주계를 이끌어 갔다.

성악가와 작곡가로서도 활동을 하였는데, 성악가로서는 1929년 독창회 개최를 시작으로 수많은 음악회에서 독창자로 활동을 하였고 가곡과 오페라 아리아를 레퍼토리로 음반 취입을 하는 등 아마추어 수준에 머물러 있었던 성악 분야를 전문 영역의 수준으로 올려놓았다. 작곡가로서는, 1931년 『현제명가곡집』 제1집을, 1933년 『현제명작곡집』 제2집을 발간하였고, 1933년 홍난파와 함께 최초로 작품발표회를 개최하였으며, 동요 및 가곡 등 수많은 애창곡을 만들어 보급을 하였다. 그리고 창작 오페라를 개척하기도 하였다.

---

233) 『동아일보』, 1927년 10월 3일.

그런 한편 일제강점기 때는 조선음악가 협회 이사장으로서 조선의 악단을 이끌어 갔고 광복 후에는 한국음악가협회 초대이사장으로 한국의 음악계를 이끌어 갔다. 그리고 광복 직후 우리나라 교향악단의 제1호인 고려교향악단을 조직하여 연주자들에게 연주의 장을 만들어 주었고, 경성음악학교와 서울대학교 음악대학을 설립하는 등 음악인재 양성의 터전을 마련해 주었다. 그 외에도 1931년에는 음악캠프 효시인 전국하기음악강습회를 개최하였고 1932년부터 1944년까지는 음악콩쿠르의 효시인 전국남녀중학교 콩쿠르를 주도하였다. 그리고 〈나물캐는 처녀〉, 〈희망의 나라로〉, 〈대한의 노래〉, 〈니나〉, 〈산들바람〉, 〈고향생각〉 등이 중고등학교 음악교과서에 수록되어, 한국인의 가창문화와 근현대식 음악적 정서와 음악관 형성에 있어서도 많은 영향을 끼쳤으며, 1936년에는 『아동찬송가』를 발행하기도 하였다.

이와 같이 현제명은 우리나라 근현대음악사에 있어 가장 큰 영향력을 발휘한 음악가인데, 그가 이룩한 수많은 업적 가운데서 무엇보다도 중요한 것은 음악가가 되기 위한 장과 음악가들이 활동을 할 수 있는 장을 만들었다는데 있을 것이다.

계정식(桂貞植, 1904-1977) : 한국인 최초의 음악박사

일찍 감치 '평양이 낳은 천재 음악가', '소년음악가', '청년음악가' 등의 호칭으로 세간을 주목을 받았다. 평양에서 출생한 계정식은 평양 출신인 것만큼은 확실하지만, 숭실학교를 다녔는지의 여부는 좀 더 확인이 필요하다.

각종 자료에 따르면 1920년 평양 숭실중학교를 졸업했다고 하지만, 평양 숭인중학교를 졸업했다는 자료도 있고, 숭실전문학교를 다니다가 일본 유학을 갔다는 자료도 있다.[234] 그리고 평양에서 바이올린을 배웠지만 언제 누구에게 배웠다는 기록은 없다.

---

234) 『동아일보』, 1935년 1월 1일자에 의하면 숭인중학을 졸업하고 숭실전문학교를 다니다가 일본 유학을 갔다고 한다.

『숭실대학교 100년사』에도 숭실학교를 다녔다는 기록이 없다. 다만 숭실에서 주최한 음악회 또는 숭실과 관련한 음악회에 자주 출연하여 숭실학교와의 관련 가능성을 높여 주고 있다.

예를 들면, 1921년 5월 13일 숭실대학지육회 주최 대강연회에서 바이올린을 연주하였고, 동년 6월 11일 안주청년복음회 주최의 숭실음악대 및 찬양대 초청 음악회에서도 단원의 일원으로 참여를 하였다. 그리고 1923년 숭실대학생기독교청년회가 주최한 자선음악회 바이올린을 연주하여 커다란 환영을 받았고, 같은 해 10월 9일에 개최된 환송 음악회를 숭실중학교 2층에서 개최하였다. 또한 귀국독주회에서는 당시 숭실전문학교 교수로 있던 말스베리가 반주를 하였다.

일본 일본동양음악학교와 독일의 뷔르츠음악대학을 거쳐 1935년 스위스 바젤대학에서 「동서음악의 역사적 고찰」과 「조선아악의 계통적 고찰」이라는 논문으로 철학박사 학위를 취득하였는데, 음악으로 박사 학위를 취득한 것이 이것이 최초이다.

귀국 후 이화여자전문학교 교수와 바이올리니스트로 활동을 하였고, 해방 후에는 고려교향악단과 서울관현악단의 지휘자로 활동하기도 하였다.

독일, 헝가리, 일본, 스위스 등 해외에서 독주회를 개최하여 각광을 받았으며, 한국인 최초의 국제적 명성을 얻은 바이올리니스트인 동시에 한국인 최초의 음악 박사이기도 하다.

김세형(金世炯, 1904-1999) : 최초의 전문 작곡가

평양의 기독교 가정에서 출생. 숭덕고보를 다녔으나 1919년 10월 10일 청년학생이 주도한 평양2차 만세사건의 주동자라는 이유로 퇴학당하고 1920년 숭실중학으로 편입하였다. 숭실중학 시절 중학생 신분으로 숭실대학음악전도단의 단원으로 활동 하였다. 그리고 유일하게 중학생으로서 숭실대학 배드부원으로 발탁되어 트럼펫을 물론 목관, 금관악기 등을 고루 연주할 수 있는 기량을 발휘하였으며 또 교회의 오르간 주자 겸 피아니스트로 활약했고 뛰어난 목소리로 성악적 재질도 인정을 받았다.[235)]

숭실대학에 입학하고 난 다음부터는 루츠부인과 솔타우부인으로부터 음악이론과 피아노, 성악 등 본격적인 음악교육을 받았고, 특히 솔타우부인으로부터는 1학년부터 졸업시까지 피아노 개인지도를 받았다. 숭실대학 재학시절인 1924년에는 가곡 〈야상(夜想)〉[236)]을 작곡하였으며, 같은 해 숭실대학 학생기독청년회가 주관한 자선음악회에 출연하기도 하였다. 그리고 숭실전문학교로 바뀐 후 1926년 동교에서 개최한 음악회에서 피아노 연주를 하였다.

1927년 평양 숭실전문학교 문과를 졸업한 후 1928년 미국으로 유학을 가 1932년 미국 캘리포니아 챔먼(Chapman)대학 음악이론과에서 작곡전공으로 학사학위를 받았다. 한국 사람 최초로 작곡전공으로 학사학위를 받은 것이다. 이어 1934년 웨스턴대학원 작곡과에서 석사학위를 받았는데, 이 역시 우리나라 사람이 작곡으로 석사학위를 받은 제1호에 해당한다.

미국 유학시절인 1930년 안창호 선생이 비밀리에 보내 온 가사 3개로 흥사단가 3편을 작곡했으며, 1931년에는 우리나라 최초의 창작교향곡에 해당하는 〈교향곡 제1번〉을, 1932년에는 역시 우리나라 최초의 연가곡에 해당하는 〈The Long Way〉를 발표하였다. 그리고 1933년에는 Mary Carr Moore Menuscript Club 주최 음악경연대회에서 〈Fantasia for Violin and Piano〉이 우수곡으로 선정되어 연주되었고, 1934년에는 헐리우드의 Three Arts Club 주최 음악회에서 현악4중주곡이 선정되어 연주되기도 하였으며, 같은 해 우리나라 최초의 교향시인 〈오텔로〉를 발표하기도 하였다.

1935년 미국 유학 8년 만에 귀국을 하였으며, 귀국 후에는 잠시 오산학교

---

235) 숭실인물사편찬위원회, 『인물로 본 숭실 100년(제1집)』, 168쪽.

236) '부록 악보 9' 참조.

와 평양신학교에서 교편을 잡았다. 1936년에는 우리나라 최초의 연가곡집인 『먼 길』을 출간하였는데, 특이하게도 이 작곡집의 발행인이 '미국인 牟義理(Maurey)로 되어 있다. 당시 숭실전문학교 학장으로 있던 마우리가 제자의 귀국 후 첫 작품집의 발행인이 되어 준 것이다.[237)]

1938년에는 동경에서 작품발표회를 개최하였는데, 당시 신문에서는 이를 다음과 같이 보도하였다.

> *신춘을 맞이하여 악단에 명랑한 뉴스하나=오는 2월 5일 오후 6시부터 간다에 있는 동경기독교여자청년회에서 신진작곡가 김세형씨의 작곡발표회가 있을 터인데 씨는 일찍 평양숭실전문학교를 마치고 지금으로부터 11년 전에 도미하여 쳄먼대학 음악과를 우수한 성적으로 마치고 다시 서부대학 음악연구과에서 연구를 거듭한 후 세계적으로 유명한 음악가들에게 8개성상동안 연구하였다 한다.*
>
> *작품 중에도 특히 성악, 바이올린, 피아노곡은 미국각지에서 환영을 받았으며 그 외에도 현악 4중주, 심포니 곡 등에 있어서도 귀중한 작품이 많다는데 3년 전에 귀국하여 평양에서 조선 고전(古典)음악을 연구하고 있는 바 수개월 전에 동경에 와 금번 조선, 동아일보 지국 후원으로 발표회를 연다. -이하 생략-*[238)]

이후, 1938년부터 1944년까지 이화여전 음악과 교수로 재직했고, 1939년 6월 전조선작곡발표대음악제에서 바이올린독주곡 〈환상곡 작품 32번〉 및 피아노독주곡 〈주제와 합주곡 작품 34〉를 발표하였다.

1946년 경성음악전문학교가 서울대학교 예술대학 음악부로 개편됐을 때

---

237) 마우리 학장은 제자인 김세형이 미국 유학 갈 때 추천서를 써주기도 했다.

238) 『동아일보』, 1938년 1월 28일.

교수진의 한 사람이었다. 그리고 1946년부터 1960년까지 서울대 음대 교수를 역임했으며, 1960년 숙명여대 음대 학장을 거쳐 1963년부터 1970년까지 경희대 음대학장을 지냈다. 1974년에는 제2가곡집인 『옥저』와 1975년에는 『화성학』을 출간하였다.

외국에 유학하여 작곡으로 석사 학위를 받은 최초의 전문작곡가이자 음악교육의 선구자로서, 한국 창작음악의 발전과 한국음악교육의 발전에 많은 공헌을 하였다. 한국 최초로 연가곡을 개척하였을 뿐만 아니라 일제 강점기에는 끊임없이 한국의 독립운동을 고취시키는 동시에 민족정서와 민족정기를 바탕으로 한 작품을 발표하였다. 그리고 서울대학교 예술대학 교수, 숙명여자대학교 음악대학 학장, 경희대학교 음악대학 학장 등을 역임하면서 여러 대학에 작곡과를 창설하였고, 작곡교육의 이론적 틀과 아카데미즘을 확립하였으며 대학교육의 제도적 틀을 확립하는 등 전문음악교육의 새로운 기틀을 만들었다. 정년 후에는 한국작곡가협회 회장과 한국음악협회 이사장으로 활동을 하면서 음악행정가로서 한국 음악이 발전하는데 있어서 많은 역할을 하였다.

안익태(安益泰, 1906-1965) : 〈애국가〉의 작곡자

우리나라 사람이라면 〈애국가〉의 작곡자 안익태 선생을 모르는 사람이 없을 것이다. 몰래 숨어서 불러야 했던 〈애국가〉마저 외국 곡이었던 식민 시절 새로운 〈애국가〉를 만들어 조선의 민중들에게 독립의 희망을 불러 일으켜 주었고, 작은 지휘봉 하나로 세계의 유명한 교향악단을 지휘하여 시름에 젖어 있는 우리 민족에게 새로운 희망을 안겨 준 음악가이다.[239)]

평양에서 태어 난 안익태는 어린 시절 교회의 찬송가 소리에 매료되어 음악에 관심을 갖기 시작하였다. 그리고 12살이 되던 1918년 숭실중학에 입학

---

239) 민경찬, 『청소년을 위한 한국음악사-양악편』, 77쪽.

하여 본격적으로 음악공부를 하였다. 재학시절 바이올린과 트럼펫에 능해 중학생임에도 불구하고 동대학의 오케스트라 단원으로 활동할 수 있었으며, 1922년 9월 23일 '숭실동창회기념식'에서 바이올린 독주를 하였고[240], 1923년에는 숭실중학 전도대의 악사(樂士)로 참여하여 평안남도 일대를 순회하였다.[241] 그리고 1923년 10월 23일에 개최된 '숭실중학동창기념음악회'에서는 찬송과 함께 바이올린을 연주하였다.[242]

안익태는 찬송가를 즐겨 불렀고 또 자주 연주를 하였는데 "내게 음악의 재능을 주신 이가 하나님인데, 나는 오직 하나님의 영광만을 위하여 음악을 사용할 뿐입니다." 이것이 그의 간증이었다고 한다.[243]

안익태는 우리에게 첼로 연주자로 알려졌는데, 중학 시절에는 오히려 바이올린 연주로 명성을 날렸다. 그런 그에게 마우리 교수 부부는 여름방학 때 서울에 보내 캐나다 선교사인 그레그(George Greg)로부터 첼로를 배우게 하였다. 그리고 일본으로 건너가 공부하라고 권유했다.[244]

그 후 일본 유학을 통해 본격적으로 첼로를 전공했고, 졸업 후 장래가 촉망되는 첼로의 귀재라는 평을 들으면서 악단의 기대를 한 몸에 받았다. 그렇지만 이에 안주하지 않고 미국 유학길에 올랐다.

미국에서는 오케스트라의 첼로주자로 활동을 하면서 작곡과 지휘를 공부했는데, 미국 유학은 그를 완전한 음악가로서의 만들어 주었다. 다음은 미국 대학을 졸업했을 당시 신문 기사이다. 계정식과 더불어 조선의 자랑이라고 소개하고 있다.

---

240) 『동아일보』, 1922년 10월 6일.

241) 『동아일보』, 1923년 7월 21일.

242) 『동아일보』, 1923년 10월 27일.

243) 숭실인물사편찬위원회, 『인물로 본 숭실 100년(제2집)』, 서울 : 숭실대학교 출판부, 1997. 12쪽.

244) 위의 책, 13쪽.

해외에서 우리의 음악을 자랑하고 있는 사람 중에 우리는 계정식씨와 함께 안익태씨의 이름을 연상한다.

씨는 평양태생이라 숭실중학 1학년때부터 자기는 세계적인 음악가가 된다고 기염을 토했다. 씨는 자기의 천재에만 모든 것을 의탁하지 않고 오직 꾸준한 노력을 하여 왔다고 한다.

몹시 신경질이면서도 꾸준한 효력(效力)을 하는데 씨의 오늘날 성공이 있는 것이다.

씨는 아직 숭실대학에 악적(樂籍)을 두었는데 이미 음악가로서 첫 출발로 숭실대학을 오케스트라에서 그 이채를 보였고 다시 동경음악학교를 거쳐 세계적으로 이름이 있는 신시내티음악학교를 문자 그대로 찬란한 성적으로 졸업하였다. 넘치는 천분(天分), 꾸준한 노력, 이것에서 용기를 얻은 씨는 세계의 음악전당이라는 필라델피아대학 음악부 첼로과에 연구를 거듭하는 한편 모교를 위하여 친히 강단에도 오르고 있다.

전세계의 악성들이 모여 있는 필라델피아대학에서도 安씨의 존재만을 찬연히 빛내고 있다. 세계적 대음악회가 열릴 때마다 씨에게는 초청장이 날라 오고 安씨의 이름과 함께 "조선" 또는 세계적으로 빛나는 것이다. 조선이 桂(필자주 : 계정식), 安 양씨의 이름으로 하여 세계인의 구두(口頭)에 올랐다는 그 단순한 사실만이라도 그네들이 타고난 바 조선사람으로서의 사명은 어느 정도까지 다하였다고 할 수 있을 것이다.

그럼에도 불구하고 그들은 아직 청년기에 있다. 그리고 꾸준한 노력과 백절불굴의 조선사람다운 의기로 정진하고 있는 것이다.

아니 이 보다 더 고마운 일은 두 사람은 더없이 조선을 사랑하는 사람들이라는 것이다.[245)]

245) 『동아일보』, 1935년 1월 2일.

안익태는 미국 유학 중 한인 교회에서 외국 선율로 된 〈애국가〉를 부르는 것을 보고 자신이 직접 〈애국가〉를 작곡하겠다는 결심을 하게 되었다. 그리고 미국 유학을 마친 후에는 서양음악의 본거지인 유럽으로 활동무대를 옮겨 먼저 〈애국가〉를 작곡했다. 1935년의 일이다. 그리고 베를린 올림픽이 개최되었을 때 마라톤의 손기정 등 조선에서 온 선수단을 찾아가 응원가라고 하면서 함께 불렀는데 이것이 〈애국가〉 불린 최초의 예로 전해지고 있다.

이후 지휘자가 되어 세계 유명교향악단을 차례차례로 지휘하였고 또 〈애국가〉가 합창으로 삽입된 〈한국 환상곡〉을 작곡하여 자신의 지휘로 연주를 하였다. 세계적인 교향악단을 비록 식민 치하였지만 한국 사람이 지휘를 하였다는 자체도 가슴이 벅찬 일이지만 〈한국 환상곡〉을 연주할 때 외국 합창단이 반드시 한국어로 된 가사로 노래를 부르게 했고 또 불렀다는 사실은 매우 자랑스러운 일이 아닐 수 없다.

앞에서 인용한 신문 기사에서도 알 수 있듯이 안익태는 미국 유학 중에도 숭실대학에 악적(樂籍)을 두고 있었다. '악적'을 두고 있었다는 사실이 무엇을 의미하는 지는 정확히 알 수 없지만 적어도 자신이 '조선인'이며 '숭실인'이라는 사실을 가슴 깊이 새겨 두었던 것 같다.

박태현(朴泰鉉, 1907-1993) : 동요 〈누가 누가 잠자나〉, 〈산바람 강바람〉 작곡자

넓고 넓은 밤하늘엔 누가 누가 잠자나
하늘나라 아기별이 깜빡깜빡 잠자지
〈누가 누가 잠자나〉[246]

산 위에서 부는 바람 서늘한 바람

---

246) '부록 악보 20' 참조.

그 바람은 좋은 바람 고마운 바람
여름에 나무꾼이 나무를 할 때
이마에 흐른 땀을 씻어 준대요
〈산바람 강바람〉

우리가 즐겨 부르는 〈누가 누가 잠자나〉(목일신 작사)와 〈산바람 강바람〉(윤석중 작사)의 1절 가사이다. 모두 박태현이 작곡한 동요다. 박태현은 숭실전문학교 졸업반 때 〈동요일기〉라는 이름으로 매일 한 곡씩 동요를 작곡했다고 하는데[247], 이때 만든 곡이다.

박태현은 평양 출생으로, 숭실중학교와 숭실전문학교를 졸업하였다. 재학 중 박윤근과 말스베리 교수에게 음악을 배웠고, 숭실전도대의 일원으로 활동을 하였다. 음악뿐만 아니라 미술에도 재능을 보여 1932년 평양에서 개최된 조선미술전람회에 입선되기도 했다.

숭실동문인 안익태의 영향으로 일본동양음악학교에서 첼로를 전공하였으며, 졸업 후 귀국하여 첼로 연주와 함께 동요작곡가로 활동을 하였다. 그리고 백조합창단이라는 혼성합창단을 조직하여 지휘를 맡았고 교회찬양대의 지휘자로서도 활동을 하였다.

해방 직후에는 민족진영 음악가들의 단체인 전국문화단체총연합회 사무총장 등을 역임하였고, 한국전쟁 기간에는 「전시동요회」를 조직하여 활동하기도 하였다. 그리고 1966년에는 한국 최초의 여성교향악단인 「여성스트링오케스트라」를 창단하여 상임지휘자가로서 활동을 하였다.

이완용 저격사건에 가담하였다가 체포되어 7년간의 옥고 끝에 출감 후 사망한 박태은의 동생으로, 민족정신과 애국정신을 반영한 노래를 많이 작곡하였다. 대표적인 작품으로는 앞에서 언급한 동요 〈누가 누가 잠자나〉와 〈산

247) 한용희, 『한국동요음악사』. 서울: 세광음악출판사, 1988. 80-81쪽.

바람 강바람〉를 비롯하여 "태극기가 바라에 펄럭입니다…"로 시작하는 〈태극기〉, "기미년 삼월일일 정오…"로 시작하는 〈삼일절 노래〉, 그리고 〈한글날 노래〉와 〈애국의 노래〉 등이 있다.

작품집으로는 『박태현 동요작곡집 제1집』, 『어린이 노래책 제2집』, 『박태현 동요100곡집』과 가곡집으로 『녹이』(고시조 시가편) 등을 남겼다.

강신명(姜信明, 1909-1985) : 한국 창작동요 발전에 지대한 공헌을 한 동요작곡가

목회자로서의 강신명, 새문안 교회 담임목사로서의 강신명, 숭실대학교 총장으로서의 강신명을 기억하는 사람은 많지만, 동요작곡가로서의 강신명을 기억하는 사람은 그리 많지 않다. 음악계에서도 조차 잘 알려져 있지 않으며, 아는 사람이라 할지라도 동명이인으로 생각하는 사람이 많다. 그렇지만 우리나라 동요 발전의 이면에는 강신명의 역할이 적지 않았으며, 교회 음악 발전에도 커다란 역할을 하였다.

강신명의 동요 활동에 대하여 최초로 주목한 사람은 동요연구가 한용희이다. 그는 강신명의 동요 활동에 대하여 다음과 같이 말하고 있다.

> *박태준의 동요 창작에 크게 자극 받아 교회 어린이 성가대를 지휘하는 한편 작곡가 김동진과 미국선교사 말스베리에게서 화성학과 작곡법을 배웠다. 1932년에는 『강신명 99곡집』을 내고 서문밖 교회의 어린이 성가대를 동요작곡의 산실로 하여 평양방송국을 통해서 동요보급에 힘썼다. 『강신명 동요 99곡집』 속에는 〈새서방 새색씨〉, 〈제비야〉, 〈한숨〉 등의 노래가 실려 있으며 〈한숨〉이라는 동요는 1932년 조선중앙일보 현상공모에서 입선한 고택구(高宅龜)의 가사에 작곡한 것이다. 고택구는 제주도에서 교회목사로 종사한 적이 있다.*
>
> *강신명이 1930년대에 평양을 중심으로 활동하던 동요의 세계는 화려하다. 기독교가 뒷받침이 되고 지역방송 전파를 통해 동요 보급에 헌신적인 역할을 다한 것을 재평가해 보고 싶은 것은 그의 활동이 1930년대에 한정된 것이어서*

기록보존이 잘 안되었고 전수해 주는 후진이 없어 오늘날 강신명의 실적을 기억하고 있는 사람이 없기 때문이다.[248)]

이어 한용희는 "(강신명이 동요)활동을 했던 사실마저 아는 이가 별로 없었다는 것은 매우 안타까운 일이다"라고 하면서 1936년 강신명이 편찬한 『아동가요곡선삼백곡(兒童歌謠曲選三百曲)』에 수록한 곡의 제목을 일일이 소개하였다.[249)] 즉, 99곡 이상의 동요를 창작하였고, 방송과 교회를 통해 동요 보급에 헌신적인 역할을 하였으며, 한국의 창작 동요를 집대성한 동요 선곡집을 편집·출판했다는 것이다.[250)]

수많은 동요를 작곡했을 뿐 아니라 방송과 교회를 통해 동요를 보급했는데, 당시 음악교과서에는 한국동요가 한 곡도 수록이 되지 않았고, 학교에서는 한국동요를 부르는 것이 금지가 되었다.[251)] 따라서 당시 어린이들의 음악적 정서는 일본노래로 각인이 될 수밖에 없었던 상황이었다. 이에 동요를 작곡하고 또 방송과 교회 즉 주일학교를 통해 한국동요를 보급하였다는 사실은, 일본음악으로 각인되는 것을 막고, 우리의 음악적 정서를 심어주었을 뿐만 아니라 한국동요의 보급과 확산 그리고 발전에도 크게 기여를 하였다는 것을 의미하는데 강신명이 이에 일조를 한 것이다. 또한 『아동가요곡선삼백곡(兒童歌謠曲選三百曲)』은, 한국 창작동요를 최초로 집대성한 노래집이라는 역사적 의미를 가지고 있다. 우리의 노래가 절대적으로 부족했고 우리의 노래를 절실히 부르고 싶을 때에 우리의 어린이들에게 300편이나 되는 곡

---

248) 한용희, 『창작동요 80년』, 73-74쪽.

249) 위의 책, 74-79쪽.

250) 그런데 위의 기록 중 "1932년에는 『강신명 99곡집』을 내고…"라는 기록과 "『강신명 동요 99곡집』 속에는 〈새서방 새색씨〉, 〈제비야〉, 〈한숨〉 등의 노래가 실려 있으며…"라는 기록은 정정이 되어야 할 것 같다. 『강신명 99곡집』은 와전된 것이고, 〈새서방 새색씨〉는 1932년이 아니라 1935년 경에 작곡된 것이기 때문이다.

251) 당시 음악교과서 및 음악교과서에 수록된 곡에 관해서는 필자의 졸저 『한국창가의 색인과 해제』(서울: 한국예술연구소, 1997)를 참조.

을 선물로 준 것이다.

참고로 『아동가요곡선삼백곡(兒童歌謠曲選三百曲)』를 소개하면, 이 악보집은 1920년대부터 시작한 창작 동요를 비롯하여 1936년 이전까지 각종 악보집을 통해 발표된 창작동요 및 편찬자가 새롭게 작곡한 창작 동요 그리고 주일학교와 유치원 등에서 사용된 각종 노래를 모아 편찬한 것이다. 1936년 초판이 발행되었고, 1937년 조선총독부의 경무국에 의해 '치안 방해'라는 이유로 금지된 적이 있으나 1938년 재판이, 1940년 증보 수정판이 발행되었다. 일제 치하에서 어린이들의 노래가 끊어져 들을 수 없게 되자 이를 안타깝게 생각하여 조선의 어린이가 부를 수 있는 노래를 모아 그 노래를 부를 수 있게 해 주자는 취지로 편찬되었다.

내용은 주일학교 편, 유치원 편, 봄노래 편, 여름노래 편, 가을노래 편, 겨울노래 편, 그 밖의 노래 편으로 구성되었으며, 모두 300여 편의 곡이 수록되었다. 한국 사람이 작사 작곡한 창작곡이 압도적으로 많으며 서양의 노래와 일본의 노래에 우리말 가사를 붙인 노래도 있다. 가사는 전부 우리말로 되어 있다.

당시 학교에서는 일본 창가만 가르쳤는데 이에 대응하여 만든 노래집으로 일제 치하라는 어려운 환경에서 창작 동요의 보급에 지대한 영향을 끼쳤다. 또한 교회 학교와 주일 학교 등과 같이 학교 밖의 학교에서 사용된 음악교재라는 중요성을 가지고 있다.

같은 시대에 발간된 악보집에는 그 곡을 만든 사람의 이름이 명기되어 있지 않은 것이 많은데 비해 대부분 작사자와 작곡가의 이름이 명기되어 있어 동요 연구의 중요한 사료적 가치를 가지고 있다. 일제강점기에는 한때 금지된 악보집이고, 남북 분한 이후에는 월북했다는 이유로 금지된 월북 문인의 가사가 수록된 악보집이기 때문에 금지곡 연구에 있어서도 중요한 사료적 의미를 가지고 있다.

그런데 여기서 한 가지 주목할 만한 것은, 강신명의 동요 활동은 '숭실'을 배경으로 하고 있다는 점이다. 숭실전문학교 재학 시절 숭실 선배인 박태준의 동요 활동에 영향을 받았고, 숭실 후배인 김동진과 숭실 음악교수인 말스베리로부터 화성학과 작곡법을 배웠다. 그리고 강신명이 『아동가요곡선삼백곡(兒童歌謠曲選三百曲)』의 발행인이 미국인 윤산온(尹山溫)으로 되어 있는데, 윤산온(George S. McCune)은 당시 숭실전문학교 교장으로 재직 중이었다. 또한 이 노래집에 수록된 곡의 면면을 살펴보면 숭실출신이 만든 것이 절대적 다수를 차지한다. 우선 위에서 언급한 동요 〈한숨〉의 작사자 고택구가 숭실 출신이며, 박태준의 창작 동요를 비롯하여, 현제명, 박경호, 김세형, 강신명, 권태호 등의 창작동요가 다수 수록되어 있으며, 특이하게도 숭실전문학교 교수인 양주동의 가사로 만든 동요와 말스베리가 한국 어린이를 위해 작곡한 동요도 수록되어 있다.

그럼 강신명은 어떻게 음악공부를 하였을까. 강신명은 목사의 장남으로 태어났다. 따라서 어린 시절부터 자연히 찬송가를 접하면서 음악을 익힐 수 있었다. 1924년부터는 숭실중학에 다녔는데 건강 상 휴학을 하였고, 1926년 봄에 공주 영명중학교로 전학을 했다가, 1927년에는 배재중학교로 전학을 했으며, 1928년에는 또 다시 계성중학 4학년으로 전학 후 졸업을 하였다. 숭실중학을 시작으로 4개의 중학을 거쳐 졸업을 한 것이다. 그런데 재미있는 사실은 강신명이 다녔던 4개의 중학교인 숭실중학, 영명중학, 배재중학, 계성중학은 모두 기독교계열의 학교라는 공통점과 함께 음악으로 유명한 학교였다는 또 다른 공통점을 가지고 있다. 중학교 시절 음악을 체계적으로 배울 수 있었고 또 재능을 보였던 것이다. 실제로 숭실중학 시절 방학 때 귀가하여 다른 유학생들과 같이 대대적인 하기 여름성경학교를 개최하며 북치고 나팔불면서 5리에서 10리 주변의 아이들을 모아 어린이 노래를 가르칠 정도로 음악에 재능을 보였고 또 영명중학 시절에는 안식경 목사에게 직접 음악교육을 받기도 하였다.[252] 그리고 배재중학에서는 연극 등 예술 활동에 관하여 남다를 관심을 보였고, 계성중학 시절에는 음악교사인 박태준 선생님으로부터 많은 영향을 받았다. 특히 계성 중학 시절 박태준의 동요 운동에 많은 영향을 받았으며, 이후 박태준이 전개한 동요 운동에 적극 참여하게 된다. 동요를 통해 복음을 전파하고 또 조선의 어린이들에게 복음과 함께 노래를 선물해 주고 싶어서이다.

강신명에게 음악적인 측면에서 결정적인 계기가 된 것은 숭실전문학교 입학이다. 1930년 동교에 입학하여 1934년 9회로 졸업하였는데, 재학 중 말스베리 교수로부터 화성법과 작곡법을 배울 수 있게 되었으며, 이를 바탕으로 본격적으로 동요를 작곡할 수 있었던 것이다.

그런데 '동요작곡가 강신명'은 숭실전문학교를 졸업 한 후 음악가의 길을 걷지 않고 목회자의 길을 걸었다. 1938년 평양 장로회신학교를 졸업하였고, 1940년에는 일본 동경신학교에서 수학하였으며, 1953년에는 미국 프린스턴 신학교에서 교회사 분야의 신학석사학위를 받았다. 그리고 영락교회 동사목사를 거쳐, 1955년부터 1979년까지는 새문안교회에서 당회장으로 시무하였고, 1981년에는 숭실대학 이사장, 1982년부터 1985년 소천할 때까지는 숭실대학교 총장을 역임하였다.

강신명은 목회자의 길을 가면서도 항상 음악과 동행하였다. 어린이 성가대를 조직하여 지휘를 하였고, 1936년 1월에는 평양합창협회를 조직하여 초대 회장을 역임했으며, 같은 해 8월 15일에는 '평양 백선행 기념관'에서 '백림 올림픽 손기정 마라톤 재패 기념음악회'를 합창협회 주최로 개최하였으며, 앞에서 말한 바와 같이 같은 해 『아동가요곡선삼백곡』을 발간하였다. 또한 선천에서는 교회연합성가대를 조직하여 1937년에서 1946년에 걸쳐 여러 차례 〈메시아〉를 연주하기도 하였다. 해방 후에는 영락교회에서 동사 목사

252) 숭실인물사편찬위원회, 『인물로 본 숭실 100년』, 255쪽.

의 신분이었지만 성가대를 지휘하기도 하였고, 이후 새문안교회 담임목사 시절에 음악활동을 강화시켰고, 서울장로교신학교장 시절에는 전교생에게 합창을 의무화하기도 했다.[253)]

김영길(金永吉, 永田絃次郎, 1909-1985) : **'동양의 카루소'로 일세를 풍미한 테너**

이탈리아 출신의 세계적인 성악가 카루소(Enrico Caru'so)에 비견하여 '동양의 카루소'로 불리면서 일세를 풍미한 성악가가 있다. 그렇지만 명성 못지않게 파란만장한 일생을 살다 간 사람이다. '조선제일의 성악가', '일본 최고의 미성(美聲)', '친일음악가', '북한의 공훈배우'라는 또 다른 명칭에서 알 수 있듯이 20세기 한반도의 갈등과 모순 그리고 비극을 그대로 안고 산 사람이다. 이름하여 '김영길'. 그도 숭실학교 출신이다.

평안남도 중화군에서 출생한 김영길은 숭실중학을 졸업하였고 숭실전문학교 재학 시절 전도대원의 일원으로 음악활동을 하였다. 그리고 거기서 음악적 재능을 발견하여 재학 중 음악을 전공하기 위하여 일본으로 건너갔다. 일본에서 도야마군악학교를 졸업하였고 군악대원으로 있다가 개인적으로 성악을 배웠으며, 1933년에 킹 레코드에서 음반을 취입하면서 성악가로 데뷔를 하였다. 그리고 이듬 해 일본 악단의 등용문인 전일본음악경연대회에서 입상 한 것이 계기가 되어 이름을 알리기 시작했으며, 연이어 주요 콩쿠르에서 입상을 하면서 "동양사람으로서는 보기 힘든 미성의 소유자", "우수한 테너"라는 평가와 함께 주목을 받기 시작하였다.

이후 일본을 대표하는 오페라단인 후지와라 오페라단 소속으로 활약을 하였고, 오페라 〈나비 부인〉의 핑커튼 역으로 일약 스타가 되었으며, 이를 계기로 조선을 대표하는 테너로 명성을 날렸다. 그런데 유감스럽게도 '김영길'이 아니라 나가타 겐지로(永田絃次郎)라는 이름으로 유명해졌고, 이후 군국가

---

253) 김명구, 『小竹 강신명 목사』, 파주: 서울장신대학교출판부, 2009. 71쪽과 73쪽 참조.

요도 여러 편 음반으로 취입하였다.

해방 후에는 일본에서 재일조선인의 민족성 찾기 위한 운동의 선두에서 활동을 하면서 우리 민요를 많이 불렀다. 그리고 한편에서는 오페라 가수로서도 명성을 날렸으며, 1948년에는 일본인이 작곡한 오페라 〈춘향전〉에 이몽룡 역으로 출연해 화제를 불러일으키기도 하였다. 그러다가 1960년 제6차 북송선을 타고 북한으로 갔다.

북한에서는 공훈배우 칭호를 받았고 조선국립예술극장 독창가수로 중국, 소련, 동독, 폴란드 등 세계 각국을 순회하면서 활발한 활동을 하였다. 특히 중국 순회 공연을 마친 후에는 주은래 당시 중국 총리로부터 "동양의 카루소"라는 극찬을 받기도 하였다.[254)]

1964년 이후로는 공개석상에서 모습을 감추었는데, 이로 인해 일본 악단에서는 숙청설이 나돌았고, 우리나라에도 그 소식이 전해지기도 하였다. 일설에 의하면 일본에서 활동했을 때부터 지병인 폐결핵으로 요양소에 갔다고도 하며 또 다른 설에 의하면 북한에 적응을 못해 술에 의지하면서 살다가 건강이 악화되어 세상을 떠났다고 한다.

2010년 그의 탄생 100주년을 즈음하여 일본 킹 레코드사에서는 《되살아난 환상의 명테너 나가타 겐지로(김영길)(甦る幻の名テナー永田絃次郎(金榮吉))》라는 제목으로 김영길이 불렀던 21곡을 CD로 복각·발매를 하였다.

당대 최고의 테너였지만 식민지와 분단이라는 한반도의 비극적인 상황에서 파란만장한 삶을 살다 간 성악가이다.

최성두(崔聖斗, 1909-1981) : 피아니스트이자 최초의 음반회사인 고려레코드사 설립자

피아니스트 겸 음악기획자. 숭실중학과 연희전문학교를 졸업하였는데, 숭

---

254) 리철우, 「최고의 테너 가수 김영길」, 『민족21』, 2009년 12월호. 115쪽.

실중학 시절에는 음악전도대원으로 활동하였고, 연희전문학교 시절에는 관현악단의 피아노 반주자와 연희사중창단의 테너로 활약을 하였다.

연희전문학교 졸업 후에는 피아니스트로 활동하는 한편 음악기획자로서 활동을 했는데, 현제명이 독창을 할 때 피아노 반주를 도맡아서 했고, 1933년 10월 10일 이전(梨專)강당에서 현제명·홍난파 작곡발표회 때 출연을 했다. 1934년 전조선음악동호회를 조직하여 활동하였고, 같은 해 『음악』이라는 잡지를 간행하였다. 1937년에는 일본 오페라단을 초청하여 푸치니의 오페라 〈나비부인〉 공연을 성사시켰는데, 숭실동문인 김영길 등이 출연한 이 오페라 공연은 당시 장안의 화제였고 또 한국 최초의 오페라 공연이라는 기록을 남겼다.

1946년에는 우리나라 최초의 음반회사인 고려레코드사를 설립하였고, 이듬해 8월 광복이후 처음으로 국산음반을 제작·발매하였다. 고려레코드사의 음반 번호 1번 즉 광복 후 음반으로 취입한 첫 곡은 〈애국가〉[255]였다. 테너 송진혁과 음악대학합창단이 함께 취입을 했는데, 이때 고려레코드사 사장이었던 최성두가 직접 피아노 반주를 하였다.

이런 최성두를 일컬어 음악평론가 이상만은 "본격적인 매니지먼트 제1호"라고 하면서 "현제명씨의 피아노 반주를 도맡았고 음악가로서 당당한 체구와 추진력으로 음악계의 뒷바라지를 많이 했었다. 피아니스트였던 그는 피아노 대리점을 경영하면서 1935년 음악잡지의 발간과 함께 흥행에도 관여해 일본등지의 예술가들을 한국에 초청해서 공연하는 일들을 도맡아했었다. 음악잡지는 2년간 계속되다 중단되었지만 악기 사업은 계속되었다. 해방직후에는 유니버설 레코드를 운영하여 유일하게 순수음악과 관련된 레코드산업의 창업에도 공헌했었다."고 평하였다.[256]

---

255) 안익태 작곡의 〈애국가〉가 아니라 〈올드 랭 사인〉의 곡에 가사를 붙인 〈구 애국가〉이다.
256) 『경향신문』, 1986년 7월 17일.

조순천(趙順天, 1909-1950) : 한국인 최초로 찬송가학을 강의한 사람

평남 대동군에서 태어났으며, 숭실중학을 졸업하였고, 1929년 숭실전문학교에 입학하여 1933년 졸업을 하였다. 졸업 후 강서군의 보신학교와 강선교회 부속 보명학교 등에서 교편을 잡았다. 그리고 이 시절 교회의 중요 절기때마다 특송을 하고 주일 학교를 부흥시키며 성가대를 지도하는 등 음악활동을 하였다.[257] 1935년 평양신학교로 진학하였는데, 재학시절 평양신학교와 여자신학교가 연합하여 평양시 교역자 위로음악회를 개최하였다. 이 음악회는 신학생들의 음악적 자질을 향상시키고 교역자들을 위로하기 위한 목적을 가지고 있었다.

또한 교회음악 이론에도 밝아 신학교 재학 중인 1937년 「종교음악의 3중요성」이라는 글을 발표하기도 하였다. 교회음악이 가진 세 가지 중요 거점을 '예배', '생활', '전도'로 분석한 이 글[258]은 한국의 목회자들에게 많은 영향을 주었다. 조순천의 이러한 활동이 계기가 되어 평양신학교에서는 음악시간을 두게 되었으며, 그가 강사로 초빙되어 '찬송가학'을 강의하게 되었다.[259]

그런 한편 졸업선물로 받은 풍금을 교회에 기증하였고 또 사경회나 성경학교 등의 강사로 초빙되어 다른 교회에 갈 때, 그곳에 풍금이 없으면 있는 수단을 다 해 그 교회에 풍금을 마련해 주었기 때문에 '풍금목사'라는 별명을 얻었다고 한다.[260]

해방 후에는 공산주의 체제가 강화된 북녘 지역에 안익태의 〈애국가〉를 보급하기도 하였다. 그리고 공산치하의 북녘 지역에서 신앙을 지키다가 1949년 12월 17일 정치보위부에 끌려가 모진 고문 끝에 순교를 하고 말았다.

---

257) 홍만춘, 「외로운 신앙의 파수꾼 조순천 목사」, 『빛과 소금』, 212쪽.

258) 조순천, 「종교음악의 3중요성」, 『신학지남』, 1937년 11월호.

259) 위의 글, 213쪽.

260) 위의 글, 213쪽.

김해송(金海松, 본명은 金松奎, 1910-1950추정) : 대중가요 작곡가

평안남도 개천에서 태어났으며, 본명은 송규(松奎)이다. 대중가요 작곡가이지만 〈목포의 눈물〉로 인기를 모았던 가수 이난영의 남편으로 더욱 유명하다. 숭실전문학교에 진학하여 음악부원으로서 활동했던 것으로 알져졌지만 확실하지는 않다.

1935년경 〈항구의 서정〉을 음반으로 취입하여 대중가요 작곡가로 데뷔하였다. 오케이음반회사의 전속 작곡가로 활약하였고, 1944년에는 약초극장 전속의 약초가극단을 조직하였다. 광복 후에는 주한미군 위문공연단체인 케이피케이악단(KPK樂團)을 조직하여 활동하였고, 대중음악협회 회장을 역임하였다. 1950년 한국전쟁 당시 인민군에 의해 북으로 끌려가는 도중 사망한 것으로 전해지고 있다.

〈오빠는 풍각장이〉, 〈연락선은 떠난다〉, 〈선창〉, 〈잘있거라 단발령〉 등 수많은 히트곡을 남겼다.

이용준(李容俊, 1911-1956) : 미국과 유럽무대에서 활동한 전설적인 성악가

우리에게 잘 알려져 있지 않은 성악가이다. 그렇지만 이용준을 추억하는 글들이 종종 발견된다. 한국음악계를 회고하는 작곡가 김동진의 글에는 어김없이 등장하며, 음악계의 원로들이 작고한 분들의 회고담에도 종종 등장한다. 한결같이 러시아의 전설적인 성악가 샬리아핀과 비교하곤 한다. 다음은 작곡과 금수현씨가 유학 시절을 회고한 글이다. 이용준의 일면을 알 수 있게 해 주는 글이다.

"성악은 조선인이 최고" 느껴

바리톤 이용준씨 인기에 감격

-전략-

조선인 성악인에 관해 나는 잊을 수 없는 광경을 목격한 바 있어 회상한다.

이용준이라는 바리톤이다. 어느 3월에 동경의 각 음악학교의 졸업생 연합 연주회가 있다해서 가봤더니 동양음악학교에서는 일본인 바이올린과 바리톤 이용준의 이름이 있다. 나는 2년동안 그런 사람을 만난 적이 없어 곁의 사람에게 물었더니 그는 학교 근처에서 신문배달을 하며 1주일에 한번쯤 얼굴을 내민다 한다. 그때마다 여학생들이 몰려들어 식당같은데서 대접을 한다는 것이다.

그런데 어찌하여 졸업은(?) 워낙 노래를 잘하니 학교에서 출석미달인데도 별과 졸업장을 주어 대표로 여기에 출연시켰다는 설명이다. 그것도 약 15명의 각 음악학교 대표 출연자 중 맨 마지막 차례다. 이럴 경우 마지막은 기악으로 관립학교가 차지할 것 같은데 용케 양해가 되었을까

과연 마지막에 이용준이 나오니 모든 음악도들이 고함을 지르며 큰 박수다. 얼마나 잘 부르기에… 헌실한 체격으로 나와 우렁찬 소리로 프로그램에 적힌 두 곡을 부른 뒤가 문제다. 박수와 함께 '앙코르'라는 소리가 터져 나온다. 잘 부른 것은 사실이나 우리로 치면 신인음악회같은 데서 앙코르가 있을 수 없다. 본인도 사양하는 듯 쉬 안 나오자 여자들의 고함소리는 더 커지고 끝이 나지 않았다.

다시 나온 그는 〈볼가의 뱃노래〉를 샬리아핀 못지않게 불렀다. 더욱 흥분한 관객은 또 '앙코르'다. 이번에는 〈투우사의 노래〉를 제스처를 써가며 그야말로 멋있게 불러내어 우리를 감격의 도가니 속으로 몰아넣었다.

나는 수없이 많은 연주를 들었지만 그런 감격적인 경험은 없다.

이용준은 평양숭실전문학교를 거쳤고 동양음악학교를 졸업한 후 도미하여 다시 음악학교를 나와 캘리포니아 대학에서 교편도 잡은 뒤 파리로 가서 활동하다가 객사했다. 살았으면 76세. 전설적인 인물이다. -이하 생략-[261]

---

261) 『매일경제』, 1987년 9월 2일.

이용준은 평안남도 안주 출생으로, 숭실전문학교를 9회로 졸업하였다. 재학 시절 말스베리 교수로부터 음악을 배웠고, 김동진 등과 함께 합창단과 밴드부의 일원으로 활발한 음악활동을 전개하였다. 바리톤으로 특히 러시아의 민요인 〈볼가의 뱃노래〉를 잘 불러 인기가 높았다고 한다.[262] 서울을 비롯해 국내는 물론 만주일대에서 열린 전도음악회에 적극 참여하였고, 음악을 통해 숭실의 정신을 전달하고 애국심과 독립정신을 고취하는데 앞장을 섰다. 그리고 그와 동시에 친구인 김동진의 가곡 〈가고파〉, 〈뱃노래〉, 〈발자욱〉 등을 초연하여 세상을 알리기도 하였다.

졸업 후 일본동양음악학교(日本東洋音樂學校)에서 성악을 전공하였고, 일본 유학 중인 1938년 숭실전문학교 선배인 김세형이 일본에서 작품발표회를 개최하자 그의 작품을 연주하기도 하였다. 이후 미국 웨스트 민스터 콰이어 스쿨을 졸업하였고, 미국 캘리포니아 대학교 교수를 역임하였다. 그리고 프랑스 파리로 건너 가 '프랑크 리'라는 이름으로 유럽 각 국에서 독창회를 개최하고 또 독집음반을 내는 등의 활동을 하면서 '코리아'를 알리기도 하였다. 하지만 성악가로서 인기가 한창 올라갈 무렵 안타깝게도 45세라는 젊은 나이에 세상을 떠나고 말았다. 미국과 유럽 무대에서 활동한 최초의 한국의 성악가라는 기록과 데카레코드 회사에서 나온 음반 한 장만 남긴 채…

김동진(金東振, 1913-2009) : 한국예술가곡의 개척자

봄이 오면 산에 들에 진달래 피네
진달래 피는 곳에 내마음도 피어
건너 마을 젊은 처자 꽃따러 오거든

262) 전정임, 『김동진』, 서울: 한국문화예술진흥원, 2004. 25쪽.

꽃만 말고 이 마음도 함께 따 가주

〈봄이 오면〉[263)]

김동환의 시에 김동진이 곡을 붙인 예술가곡 〈봄이 오면〉의 1절 가사이다. 한국예술가곡의 개척기인 1931년에 작곡된 곡으로 한국예술가곡 및 서정가곡의 틀을 형성하는 데 크게 기여하였다. 한때 한국가곡 중에서 가장 많이 연주되는 곡 중의 하나였으며, 독창으로 부르는 가곡으로서 뿐만 아니라 합창곡·중창곡·경음악 등으로 편곡되어 연주되기도 했었다.

이 곡을 작곡한 1931년은 작곡자의 나이가 18세였고 숭실중학 5학년에 재학 중이었다. 지금으로 치면 고등학교 2,3학년에 해당하는 시기이다. 작곡자는 이 곡을 "우연히" 작곡했다고 하는데, 작곡과 동시에 숭실중학교 학우들이 부르기 시작했고 이것이 곧 기숙사로 퍼졌고 학교 전체로 퍼졌고 평양시 전체로 퍼졌고 또 전국으로 확산이 되었다. 이에 대해 김동진은 다음과 같이 말하였다.

당시 나는 기숙사에서 생활하고 있었는데 어느날 밤 나는 학교 음악실에 가서 혼자 바이올린을 연습하고 난 다음 풍금을 치면서 발성연습을 하고 있었다. 그 때 갑자기 머릿속에 종종 암송해 오던 〈봄이 오면〉의 한 소절인 "건너 마을 젊은 처자"의 악상이 떠 오르며 황급히 나의 손가락은 풍금건반을 짚어 가고 있었다. 선율이 떠 오른 것이다. 즉시 5선지에 그 선율을 옮겨 놓았다. 반복해서 풍금소리에 맞춰 불러 보았다. 감히 내가 작곡한 것으로는 믿어지지 않을 만큼 나는 황홀경에 빠져 밤이 깊어가는 것도 잊고 있었다.

그 후 〈봄이 오면〉의 가사에 곡이 모드 작곡된 후 나는 기숙사의 한 방에서 기거하던 학우 장대욱(張大郁)군에게 처음 이곡을 들려주고 배워주었다. 같이

263) '부록 악보 8' 참조.

부르기도 했다. 이 노래는 삽시간에 온 기숙사에 퍼졌다. 이웃 숭실전문학교의 기숙사에까지 알려저 숭실중학교와 숭실전문학교 나아가서 학생들이 나가는 교회의 학생들에게까지 광범위하게 애창되었다. 그 감격은 지금도 잊을 수 없는 큰 추억으로 남아있다.

그것은 바이올린에서와는 판이하게 다른 희열감을 안겨 주었다. 나는 이때부터 작곡에 대한 집념과 자신감이 더욱 강렬해졌다. 잠시 머무는 생각이 아니라 영원히 치달리고 싶은 각오와 맹서처럼 의욕이 솟아오르게 된 것이다.[264)]

〈봄이 오면〉은 그의 처녀작이며, 이 곡을 계기로 청년 김동진은 신예 작곡가로서 주목을 받기 시작하였다. 열여덟이라는 나이에, 그것도 음악을 전공하지도 않은 학생이, 그것도 서양음악이 일반화 되지 않았던 1931년에, 그것도 서울이 아니라 지방인 평양에서, 이런 명곡이 탄생하였다는 것은 지금 생각해도 놀라울 일이다. 그런데 그것이 가능했던 것은 그 배경에 '숭실'이 있었기 때문일 것이다.

평안남도 안주 출생인 김동진은 14살이었던 1927년 5년제인 숭실중학교에 입학하여 1932년에 졸업하였다. 그리고 같은 해 4년제인 숭실전문학교에 입학하여 1936년에 졸업하였다. 그러니까 중학교와 전문학교를 합하여 9년 동안 숭실학교를 다녔던 것이다.

중학 시절 본격적으로 바이올린을 배우기 시작하였고 또 학교의 밴드부에 가입하여 클라리넷과 호른 등을 불면서 여러 악기를 접할 수 있었다. 그리고 숭실중학교 음악교사인 차재일로부터는 성악을 배우면서 음악의 기초를 쌓아 나갔다.

그러던 중 3학년 때인 1929년 커다란 행운이 찾아온다. 생전에 김동진은 "말스베리 선생님을 은사로 모시게 된 것은 나에게 큰 행운이었다"고 술회

---

264) 박이도가 집필한 「가곡 〈가고파〉의 작곡가 김동진」에 나오는 내용으로 『인물로 본 숭실 100년』의 330쪽에 수록된 것을 재인용한 것이다.

한 적이 있는데, 1929년 숭실전문학교 음악담당 교수로 말스베리가 부임한 것이다. 말스베리는 전문학교 교수였지만 숭실중학에서도 음악을 가르쳤고 또 밴드도 지도하였다. 그러면서 음악적 재능을 보인 김동진에게 바이올린을 비롯하여 지휘도 가르쳤다.

김동진과 말스베리 교수와의 본격적인 음악 수업은 전문학교에 입학하고부터 시작된다. 매주 한 두 번의 특별 개인 렛슨을 실시한 것이다. 물론 렛슨비는 없었지만, 교육의 질과 양에 있어서는 음악대학 이상이었다. 음악대학에 다니는 음악전공자 이상으로 음악교육과 훈련을 받은 것이다. 앞에서 말한 바와 같이 이때 김동진은 말스베리 교수로부터 화성학, 대위법, 작곡법 등 작곡에 필요한 이론을 모두 배웠고 심지어는 피아노 조율법까지 배웠다고 한다.

이 무렵 한국음악사에 길이 남을 명작 〈가고파〉가 탄생된다. 김동진은 이 곡의 작곡과정을 다음과 같이 술회하고 있다.

양주동 선생님한테 〈가고파〉 강의를 받았어요. 그래서 열심히 작곡했습니다. 근데 그것도 뭐 어디 피아노 앉아서 한 것도 아니고, 그때는 내가 전문학교 2학년 적에는 그때는 기숙사에서 나와서 평양 창동교회 우리 아버지가 목사로 왔거든요. 교회 사택에서 이 가사를 가지고 작곡을 했는데, 그것도 도중에 우연히 멜로디가 나왔어요. 머리에 "어디 간들 잊으리요…" 이 테마가 나왔어요. "그 뛰놀던 고향 동무…" 순식간에 우연히 멜로디가 머리에 떠올랐어요. 시를 낭송해 가지고 작곡 해 보겠다고 했는데, 그게 나왔어. 또 중간부터 했어요. 그 다음에 후에 첫머리가 붙어 가지고서 〈가고파〉가 완성된 겁니다. -중략-

우연히 테마가 올라서 작곡했습니다. 그것도 수정도 안 하고 즉흥적이에요. 내가 젊을 적 작곡은 대부분 즉흥적입니다. 그래서 수정도 안 하고. 그냥 즉흥적이에요. 맨 날 테마를 생각했지만 악상을 얻은 건 순간적으로 얻어서 작곡한 거예요…

〈가고파〉를 이용준 씨가 처음 불렀어요, 평양에서…[265)]

평소에 이은상의 신시조인 〈가고파〉에 관심을 가지고 있었는데, 때마침 문과담임이었던 양주동 교수가 수업시간에 해설을 해 주어 작곡하게 되었다는 것이다. 명곡 〈가고파〉의 탄생 배경에는 숭실전문학교에서 시(詩)를 가르쳐 준 양주동 교수와 음악을 가르쳐 준 말스베리 교수가 있었다. 그리고 평양에서 전국으로 퍼져 나갔다.

〈가고파〉는 한국예술가곡을 대표하는 상징성을 가지고 있는 곡인 동시에 우리나라 최초의 통절가곡이라는 역사성을 가지고 있다. 그리고 우리나라 사람들이 가장 좋아하는 가곡 중의 하나라는 기록도 가지고 있다. 이 외에도 김동진은 숭실전문학교 재학 시절 〈발자욱〉(양주동 시), 〈당달구〉(조인택 시), 〈뱃노래〉(김현승 시) 등을 작곡하였다.

1936년 숭실전문학교를 졸업 한 김동진은 일본고등음악학교(日本高等音樂學校) 바이올린 전공으로 입학을 하였다. 특이한 것은 1학년으로 입학한 것이 아니라 3학년으로 입학을 하여 2년간 공부를 한 후 1938년 졸업하였다. 실력이 인정되어 3학년으로 입학하여 2년 만에 졸업할 수 있었던 것이다. 그리고 같은 해 6월 14일 조선일보사 주최 제1회 신인음악회 때 자작곡 〈바이올린협주곡 1번〉을 직접 연주해 신선한 충격을 안겼다. 이어 만주의 신경교향악단에서 바이올린 연주와 작곡을 담당하면서 창작관현악곡 〈양산가〉와 〈제례악〉, 〈만가〉 등을 발표하였다.

광복 후 1945년 9월에 결성된 평양예술문화협회(平壤藝術文化協會)의 음악부장을 역임하면서 평양음악대학 교수 그리고 평양교향악단의 전신인 중앙교향악단과 합창단을 창단하여 지휘자로 활동하기도 하였다. 그 후 월남하여 서라벌 예대 교수로 있으면서 본격적인 작품 활동을 하였는데, 특히 1958

265) 전정임, 『김동진』, 2004. 26쪽.

년 정부수립 10주년 기념을 위한 교성곡 〈승리의 길〉에 우리나라 최초로 가야금과 서양악기를 함께 사용하여 국악과 양악의 만남이라는 새로운 음악적 시도를 보여 주목을 끌었다. 1963년부터는 경희대학교 음악대학 교수로 재직을 하였으며, 그 시절 〈목련화〉를 작곡하여 대중적인 인기를 얻었다. 1978년부터는 국악 판소리의 창법을 서양음악에 접목시킨 '신창악운동'을 전개하기도 하였다.

김동진이 음악전문학교에서 공부한 것이라고는 일본고등음악학교에서 2년간이 전부이다. 그럼에도 불구하고 한국을 대표하는 작곡가로, 바이올린 연주자로, 지휘자로, 음악대학 교수로 활동할 수 있었던 것은 숭실 9년 동안에 그만큼 실력을 쌓았기 때문일 것이다.

이인범(李仁範, 1914-1974) : 한 시대를 풍미했던 명테너

평안북도 용천 출생으로 기독교 목사 집안에서 장남으로 태어났다. 기독교 집안에서 태어나 어릴 때부터 음악을 접할 수 있을 기회가 많았으며 숭실중학에 입학하여 본격적인 음악수업을 받았다. 숭실중학 재학 시절 이미 여러 음악회에 출연하여 독창을 하였는데, 목소리가 너무 아름답고 청아하여 주위사람들로 하여금 일찌감치 성악가로 대성할 것이라는 기대를 불러 모았다.

숭실중학을 졸업한 후 연희전문학교로 진학하여 음악부원 및 연전4중창단의 한 사람으로 활동했으며, 연전 졸업 후에는 동경으로 건너가 일본고등음악학교(日本高等音樂學校)에서 성악을 전공하였다. 1939년 일본 마이니치(每日)신문사 주최 전일본음악콩쿠르에 참가해 성악부의 수석으로 입상하였고, 콩쿠르 입상기념으로 1940년 동경에서 독창회를 개최하였다. 그리고 귀국하여 1943년 5월 부민관에서 귀국독창회를 열었다.

해방 후 1946년 경성음악전문학교가 서울대학교 예술대학 음악부로 개편됐을 때 교수진의 한 사람이었으며, 그 후 연세대학교로 옮겨 연세대학 음악대학교수를 역임하였다. 그리고 국립오페라단 초대 단장을 역임하였다.

숭실 동문인 현제명의 가곡 〈희망의 나라로〉와 김동진의 가곡 〈가고파〉 등을 널리 보급한 성악가로 유명하며, 당대 최고의 테너로서 우리 가곡의 붐을 일으키는 등, 한국 가곡의 발전에 많은 공헌을 하였고 한국오페라 발전에도 커다란 기여를 하였다.

최성진(崔星鎭, 1914-?) : 피아니스트이자 인천음악협회 회장을 역임

인천 출생. 숭실전문학교 재학 시절 말스베리 교수에게서 음악을 배웠고, 오르간 연주자 겸 피아니스트로 활동을 하였다. 인천 음악협회를 창설하였으며 인천음악협회장, 인천고교 음악교사, 기독교 방송 방송부장, 한국교회음악협회 중앙위원, 초대 인천 공보원장을 역임하였다. 서울 숭실대학에서 후진을 양성한 바 있다.

이유성(李有成, 1915-1991) : 북한의 관악 교육과 관악 체계를 세운 사람

평양 출생으로, 1928년부터 1933년까지 숭실중학교에 재학하면서 동교의 취주악대에서 트롬본을 배웠다. 그리고 연희전문학교에 진학하여 음악부원으로 활동하였고, 졸업과 함께 동 학교 음악교원을 지냈다. 1941년 경성중앙방송관현악단과 1942년 만주 신경교향악단에서 활동을 하였고, 해방 직후에는 고려교향악단 트롬본 주자로 활동을 하였다. 1946년 경성음악전문학교가 국립서울대학교 예술대학교 음악대학으로 개편되었을 때 교수진의 한 사람이었으며, 우익음악진영과 좌익음악진영 양 쪽에서 활동을 하다가 월북을 하였다. 한국전쟁 당시 조선인민군협주단 관악지도원으로 있었으며, 전쟁이 끝나자 북한의 국립예술교향악단 단원 및 평양음악대학 기악학부 관악기 담당 교수로 있으면서 북한의 관악연주 및 관악교육체계를 세우는데 기여를 하였다.

전봉초(全鳳楚, 1919-2002) : 첼리스트. 서울대학교 음악대학 학장

어린 시절 숭실전문학교에 재학 중이던 김동진에게 바이올린을 배웠고, 숭실중학에 진학하여 본격적으로 바이올린 공부를 하였다. 그러던 중 3학년 때 숭실전문학교 출신인 김태연의 첼로 연주를 듣고 감동하여 첼로로 전향하여 2년 동안 김태연의 지도를 받았다. 이후 동경 제국고등음악학교에서 첼로를 전공하였고 재학 시절 NHK 교향악단의 전신인 일본교향악단의 객원연주자로 활동을 하였다.

졸업 후 만주 신경교향악단에서 활동을 하다가 귀국하여 1946년부터는 고려교향악단 첼로 주자로 활동을 하였다. 1948년 제1회 독주회를 개최한 이래 약 20여 회의 독주회를 개최하였고, 실험학회를 비롯하여 한국 최초의 본격적인 3중주단인 프리마 트리오, 바로크 합주단 등 실내악 창단에 산파 역할을 하였다. 1952년부터는 서울대학교 음악대학 교수로 재직을 하면서 첼로의 아카데미즘 확립과 후진 양성에 심혈을 기울였으며, 동 대학의 학장직을 역임하기도 하였다. 정년 후에는 음악협회 이사장과 예총 회장직을 지내면서 한국음악의 발전과 국제화를 위해 많은 노력을 하였다.

그 외

그 외에도 숭실 출신으로 이기종, 한영길, 위혜진(韋惠珍), 임만섭(林萬燮 1918-2008), 김학근(金學根 1920년-1986) 등이 있다.

이기종은 평양 출생으로 1907년 중학 4회로 졸업하였고, 1910년 대학 2회로 졸업하였다. 앞에서 살펴 본 바와 같이 우리나라 최초의 음악교과서인 『악전교과서』의 저자라는 중요성을 가지고 있지만, 『숭실대학교 100년사』에 의하면 1910년대에는 원산에서 살면서 상업을 했고, 1938년경에는 러시아 블라디보스톡에서 살았다고 한다.[266] 그렇지만 더 이상의 자료는 발견되

266) 숭실대학교 100년사 편찬위원회, 『숭실대학교 100년사-평양숭실편-』, 116쪽과 259쪽 참조.

지 않았다.

『음악대해』의 저자 중 한사람인 한영길은 1918년 당시 마우리교수가 지휘자로 활동한 장대현 교회 성가대원이었고, 1920년대 초 숭실전도대의 일원으로 활동하였다는 기록이 있다.[267] 그렇지만 한영길과 관련한 자료 역시 더 이상 발견되지 않았다.

위혜진은 1921년 숭실대학을 졸업하였으며, 재학 중 숭실음악전도대원 및 대장으로 활동하면서 바이올린 연주도 여러 차례하였다. 당시 신문에서는 "음악을 전문으로 연구하기 위하여 지난 12일(필자 주 : 1921년 5월 12일)에 고향인 평양을 작별하고 멀리 미국을 향하여 출발하였는데 도착한 후는 미국 오하이오 주 우스트대학에 입학하여 약 3년간이나 공부할 예정이더라"[268]라는 미국 유학 소식을 알렸으나, 그 이후의 활동에 관해서는 알려지지 않았다.

임만섭은 황해도 은율에서 태어났으며, 숭실중학을 졸업하였고, 일본고등음악학교(日本高等音樂學校)에서 성악을 전공하였다. 1940년 5월 10일 조선일보사 주최 제3회 신인음악회 때 출연하였으며, 1951년 10월 김대현(金大賢)의 창작오페라 〈콩쥐팥쥐〉, 1954년 11월 현제명 작곡의 오페라 〈왕자호동〉, 1955년 11월 비제의 오페라 〈카르멘〉 등에 출연하였다. 국립오페라단 창단 단원으로 활동했으며, 1971년 11월 2일 숭실학원 74주년을 기념하는 '숭실대음악회'에 출연하여 〈신아리랑〉을 부르기도 하였다. 1973년 11월 5일에는 예술회관에서 독창회를 열었으며, 1976년 10월 독창회를 열었다. 그리고 1978년 10월 27일에는 유관순기념관에서 회갑기념독창회를 열었으며, 1980년 3월 조선일보사 창간60주년 기념 음악제 신인음악회 출신의 성악가 중 한 사람으로 출연하였다.

---

267) 위의 책, 227쪽.

268) 『동아일보』, 1921년 5월 16일.

김학근은 숭실중학교 출신으로 동교 재학중인 1933년 11월 24일 '숭중학생음악회'에 출연하여 열광적인 환호를 받을 정도로 성악에 자질을 보였다. 졸업 후 일본고등음악학교(日本高等音樂學校)에서 성악을 전공하였다. 1946년 8월 경성음악전문학교(京城音樂專門學校)가 서울대학교 예술대학 음악부로 개편됐을 때 교수진의 한 사람이었으며, 1950년 5월 현제명(玄濟明)의 창작오페라 〈춘향전〉을 비롯하여 수많은 오페라에 출연하였다. 예그린합창단 지휘자를 역임하였고, 국립오페라단 단원 및 경희대학교 음악대학 교수를 역임하였다. 1960년대 도미(渡美)하여 northen cololado 대학에서 음악박사 학위를 취득하였고 동교에서 음악을 가르쳤으며, 뉴욕한국음악재단회장을 역임하기도 하였다.

지금까지 살펴 본 사람이외에도 숭실 출신의 음악가가 더 있을 것으로 판단된다. 특히 북한과 만주지역에서 활동하던 음악가 중에는 숭실 출신이 적지 않을 것이다.[269)]

269) 『한국작곡가사전』, 『한겨레음악사전』, 『문화콘텐츠닷컴』의 「문화원형백과 한국근대의 음악」항에 모두 〈선구자〉의 작곡자인 조두남이 숭실학교 또는 숭실전문학교를 졸업했다고 기록하고 있다. 그렇지만 정작 조두남의 자서전에는 숭실학교를 다녔다는 언급이 없고, 일찍 만주로 갔다고 기록하고 있으며, 천주교 신자였다고 한다. 이를 미루어 보아 숭실학교 출신이 아닐 가능성이 높다.

8. 나가는 말

숭실학교의 음악 역사는 단순히 어떤 학교의 음악 역사라는 의미를 넘어 우리나라 초기의 서양음악사 그 자체라고 해도 과언이 아니다. 숭실의 음악이란 한마디로 정의 하면 '신의 사랑의 결과'이며, 음악교육의 궁극적인 목표는 '하나님께 찬양'에 두었다. 또한 숭실에서 음악교육을 담당한 선교사들은 단순히 서양음악을 보급하고 가르친 것이 아니라 하나님의 음악을 보급하고 가르쳤다. 따라서 한국의 서양음악사 또는 한국의 근대음악사의 제1장은 다음과 같이 기록이 돼야 할 것이다.

하나님께서 한국 사람을 이처럼 사랑하사 선교사의 손을 통하여 찬송가를 비롯한 서양음악을 보급해 주셨고, 또 '숭실'을 택하사 선교사의 손을 통해 한국인 음악가를 육성시켜 주셨으며 그들로 하여금 새로운 한국의 음악을 개척하도록 은혜를 베풀어 주셨다. 그리고 그것을 자라게 하여 다양하고 풍성한 음악의 열매를 맺게 해 주셨고 한국 사람들로 하여금 향유하도록 해 주셨다.

'숭실음악'과 한국 근현대 음악의 본질이 바로 여기에 있는 것이다. 그리고 그것을 증명하는 기록이 숭실음악사인 동시에 한국근현대음악사일 것이다. '한국최초'라는 음악사적 기록은 물론이고 '한국최초' 또는 '선구자', '개척자'라는 수식어가 붙은 음악가는 거의 숭실학교 출신들이라는 점은 이를 뒷받침해 해 주고 있다.

예를 들어, 우리나라 최초의 음악교사이자 최초의 작곡가인 김인식을 비롯하여, 가곡 〈봉선화〉의 작사자이자 음악교육의 선구자인 김형준, 최초의 피아니스트인 김영환, 독립군가 및 광복군가 작곡가인 이두산, 최초의 관현악 지휘자인 박경호, 한국합창음악 개척자인 박태준, 한국음악계의 대부이자 서울대학교 음악대학 설립자인 현제명, 한국인 최초의 음악박사인 계정식, 최초의 전문 작곡가인 김세형, 〈애국가〉의 작곡자인 안익태, 한국 창작동요 발전에 지대한 공헌을 한 동요작곡가인 강신명, 한국 최초의 음반회사 설립자인 최성두, 한국 최초로 찬송가학을 강의한 사람인 조순천, 〈가고파〉의 작곡자이자 한국예술가곡의 개척자인 김동진, 한 시대를 풍미했던 명테너인 이인범 등이 숭실학교 출신이다. 그리고 국내뿐만 아니라 미국에서 음악으로 애국운동과 독립운동 전개한 이성식, 일본에서 조선의 명테너로 유명했던 김영길, 유럽무대에서 활동한 전설적인 성악가인 이용준 등도 숭실학교 출신이다. 또한 북한 음악 개척자인 김형직과 북한 관악 음악의 체계를 세운 이유성 역시 숭실학교 출신이다. 음악대학이 아닌데 그토록 많은 음악가를 배출한 곳은 전 세계적으로 '숭실'밖에 없을 것이다.

숭실학교의 음악사적 업적은 수를 헤아릴 수 없을 정도로 많지만, 그 중 가장 중요한 업적 하나를 꼽으라면 숭실학교 출신들이 연희전문학교와 서울대학교 음악대학 등에서 차세대 한국 음악 지도자를 대거 육성했다는 점일 것이다. 1945년까지 우리나라에 대학급 음악전문교육기관은 이화여자전문학교 한 곳 밖에 없었다. 그런데 숭실학교의 뒤를 이어서는 음악교육기관이 아닌 연희전문학교에서 차세대 한국음악 지도자들이 대량 배출되었다. 그게 가능했던 이유는 숭실과 마찬가지로 음악부가 있었기 때문이다. 연희전문학교에서 음악을 지도했던 사람은 김영환, 현제명, 박경호 세 사람으로 모두 숭실학교 출신이었다. 또한 해방 후에는 서울대학교 음악대학이 설립되어 음악인재를 배출하였는데, 동 대학의 설립자인 현제명 역시 숭실학교 출신이다. 서울대학교 음악대학에서는 숭실학교 출신과 그들로 부터 연희전문학교에서 음악을 배운 사람들이 합세하여 음악인재를 대량으로 배출하였다. 결국 선교사들이 숭실학교에서 한국의 1세대 음악가를 낳았고, 숭실학교 출신들이 연희전문학교에서 2세대 음악가를 낳았고, 숭실학교 출신과 연희전문학교 출신이 합세하여 서울대학교 음악대학에서 3세대 음악가를 대량으로 낳은 것이다.

그런 한편 남한뿐만 아니라 북한에서도 숭실학교 출신이 만든 많은 노래들이 애창되고 있다는 사실이 확인되었다. 이는 어쩌면 숭실음악의 또 다른 역할을 예시해 주는 것일지도 모른다. 그것은 아마 '통일음악으로써의 역할'일 것이다.

이와 같이 한국근대음악의 형성과정에 있어서 숭실학교가 미친 영향은 절대적이었다. 그리고 그 영향은 과거형으로 그치지 않고 현재진행형이며 미래형이기도 하다. 그렇지만 이에 관한 연구는 매우 미비한 실정이다. 본 연구는 '숭실학교'를 주제로 한 음악연구의 시작이라는 성격을 띠고 있다. 부디 본 연구가 후속 연구를 촉진시키고, 나아가서는 심층연구로 이어지기를 기대한다.

참고문헌

단행본

강신명, 『아동가요곡선300곡집』, 평양: 농민출판사, 1936.

과학백과사전종합출판사(편), 『문학예술사전 상』, 평양: 과학백과사전종합출판사, 1988.

과학백과사전종합출판사(편), 『조선음악사 2』, 평양: 과학백과사전종합출판사, 1990.

길진경, 『영계 길선주』, 서울: 종로서적, 1975.

김동진, 『내마음』, 서울: 세광출판사, 1973.

김명구, 『小竹 강신명 목사』, 파주: 서울장신대학교출판부, 2009.

김원모 역, 『알렌의 일기』, 용인: 단국대학교 출판부, 2004.

김인수 역, 『알렌의사의 선교·외교편지』, 서울: 쿰란출판사, 2007.

대한민국예술원(편), 『한국음악사』, 서울: 대한민국예술원, 1985.

대한민국예술원(편), 『藝術院五十年史』, 서울: 대한민국예술원, 2004.

대한민국예술원(편), 『한국예술총집 음악편III』, 서울: 대한민국예술원, 1998.

독립군가보존회 편, 『독립군 가곡집 광복의 메아리』, 독립군가보존회, 1982.

문옥배, 『한국 찬송가 100년사』, 서울: 예솔출판사, 2002.

민경찬, 『한국창가의 색인과 해제』, 서울: 한국예술연구소, 1997.

민경찬, 『청소년을 위한 한국음악사-양악편』, 서울: 두리미디어, 2006.

민은기, 『서울대학교 음악대학 50년사』, 서울: 서울대학교음악대학, 1997.

배재백년사편찬위원회편, 『培材百年史』, 1989.

배재중고등학교편, 『培材史』, 1955.

베어드부인, 베이커부인(편), 『챵가집』, 경셩: 조선야소교서회, 평양: 평양야소교서원, 1915.

세광출판사(편), 『음악연감』, 서울: 세광출판사, 1966.
손태룡, 『대구양악사연구』, 대구: 도서출판 대일, 1996.
손태룡, 『한국음악사의 큰별』, 대구: 중문출판사, 1994.
숭실인물사편찬위원회, 『인물로 본 숭실 100년(제1집)』, 서울: 숭실대학교 출판부, 1992.
숭실인물사편찬위원회, 『인물로 본 숭실 100년(제2집)』, 서울: 숭실대학교 출판부, 1997.
숭실대학교 100년사 편찬위원회, 『숭실대학교 100년사-평양숭실편-』, 서울: 숭실대학교출판부, 1997.
윤경로, 『새문안교회 100년사』, 서울: 새문안교회 창립 100주년 기념사업회 역사편찬위원회, 1995.
음악학연구회(편), 『음악학 6 : 매일신보 음악기사 1930-1940』, 서울: 세종출판사, 1998.
이강숙·김춘미·민경찬, 『우리양악100년』, 서울: 현암사, 2001.
이유선, 『한국양악백년사』, 서울: 음악춘추사, 1985.
이중태, 『한국교회음악사』, 서울: 기독교음악사, 1979.
장사훈, 『여명의 양악계』, 서울: 세광음악출판사, 1991.
장사훈, 『한국음악사년표』, 청주: 청주대출판부, 1990.
전정임, 『김동진』, 서울: 한국문화예술진흥원, 2004.
전정임, 『안익태』, 서울: 한국예술연구소, 1998.
조선총독부, 『教科用圖書一覽』, 경성: 조선총독부, 1912.
조선총독부, 『조선총독부 금지단행본목록』, 경성: 조선총독부 경무국, 1941.
한국기독교문화연구소(편), 『베어드의 선교와 사상』, 서울: 숭실대학교출판국, 2013.
한국기독교역사연구소(편), 『내한선교사총람 1994-1984』, 서울: 한국기독교역사연구소, 1994.

한국예술연구소(편), 『한국작곡가사전』, 서울: 시공사, 1999.
한국음악협회(편), 『한국음악총람 상권』, 서울: 예당기획출판, 1991.
한국음악협회(편), 『한국음악총람 하권』, 서울: 한국음악협회, 1994.
한국음악협회, 『한국음악협회40년사』, 서울: 수문당, 1985.
한국정신문화연구원(편), 『한국유성기음반총목록』, 서울: 민속원, 1998.
한영길, 박경호, 『음악대해』, 평양: 아소교서관, 1923.
한용희, 『한국동요음악사』, 서울: 세광음악출판사, 1988.
한용희, 『창작동요 80년』, 서울: 한국음악교육연구회, 2004.
현제명, 『아동찬송가』, 서울: 종교교육부, 1936.
홍정수, 『한국교회음악 사료집(史料集) 제1권』, 서울: 도서출판 지혜, 1992.

논문

강신명, 「목회생활 二十三年의 회고」, 『기독교 사상』, 1958년 12월호.
김광, 「강신명의 아동가요곡선 300곡에 관한 연구 : 주일학교 노래를 중심으로」, 장로회신학대학교 석사학위 논문, 1999.
김성태, 「양악년표」, 『한국예술총람』. 서울: 대한민국예술원, 1964.
김성태, 「음악70년사」, 『음악연감』. 서울: 세광출판사, 1966.
김영의, 「한국현대음악발전소고」, 『예술원보』. 1961년 제7호.
권경란, 「선교초기 선교사들의 음악활동에 관한 고찰(1930년 이전에 활동한 선교사 중심으로)」, 장로회신학대학원 석사학위논문, 2004.
김사랑, 「내한(來韓) 선교사의 음악활동에 관한 연구」, 한국예술종합학교 예술전문사 학위논문, 2007.
김사랑, 「'문명'의 노래, 조선인을 '위한' 음악교육 : 1910년대 『챵가집』분석」, 『이화음악논집』 통권 17-2, 2013.
김세형, 「韓國에서 西洋音樂의 藝術化發展과 마우리 博士」, 『예술원보』11호 1967년 12월.

김은성, 「박윤근의 『성가선집』에 관한 연구」, 서울: 장로회신학대학교 대학원, 2001.
김일심, 「내한(來韓) 여성선교사들의 음악활동에 관한 고찰-1945년 이전을 중심으로-」, 한국예술종합학교 예술전문사 학위논문, 2013.
노동은, 「1910년대 기독교계 학교의 음악교육과 그 영향」, 『한국기독교와 역사』 제20호, 2004년 3월.
노동은, 「한국양악사, 100년사인가? 360년사인가?」, 『음악과 민족』, 제5호, 부산: 민족음악연구소, 1993.
리철우, 「최고의 테너 가수 김영길」, 『민족21』, 2009년 12월호.
박은경, 「한국 최초의 작곡가 김인식 연구」, 『음악과 민족』통권 제19호, 2000.
북장로회선교부 찬송가위원회, 「찬셩시셔문」, 『찬셩시』, 1898, 제2판.
이상만, 「현대음악·순수음악." 『한국현대문화사1 문학·예술사』. 서울: 고려대민족문화연구소, 1981.
조숙자, 「선교사 베어드(Annie L. A. Baird)의 한글 번역 찬송가」, 『한국찬송가 연구논문집』, 서울: 장로회신학대학교 교회음악연구원, 1997.
조숙자, 「한국 최초의 개신교 통일찬송가 『찬숑가』(1909)연구」, 『교회와 신학』. 제27집.
조숙자, 「한국 최초의 악보찬송가 『찬양가』(1894년)연구」, 『교회와 신학』 제24집. 1992.
조순천, 「종교음악의 3중요성」, 『신학지남』, 1937년 11월호.
찬송가위원회(편), 「찬숑가 셔문」, 『찬숑가』, 서울: 재한복음주의선교회연합공의회, 1908.
최남선, 「서양음악이 언제 어떻게 조선인에게 알려졌는가」, 『괴기』. 1929년 5월호.
허영한, 「미주『한인학생회보』를 통해 본 안익태의 미국 유학시절」, 『낭만 음악』. 1998년 가을호.
홍만춘,「외로운 신앙의 파수꾼 조순천 목사」,『빛과 소금』.
홍정수,「박윤근(朴潤根)의『성가선집』(聖歌選集, 평양 1929)」,『음악과 민족』 통권 23호, 2002.
현제명,「한국악단의 과거와 장래」,『예술원보』, 1955년 제1호.

기타

『관보4656호』, 1910년 4월19일.
『관보4660호』, 1910년 4월 23일.
『경향신문』, 1986년 7월 17일.
『국민일보』, 2014년 1월 15일.
『기독신보』, 1917년 1월 31일. 1917년 9월 19일.
『독립신문』, 1896년 6월 2일. 1896년 7월 2일. 1896년 7월 4일. 1896년 9월 1일. 1896년 9월 3일. 1896년 9월 3일.
『동아일보』, 1920년 6월 13일. 1920년 6월 23일. 1920년 6월 24일. 1920년 6월 30일. 1920년 7월 1일. 1920년 7월 6일. 1920년 7월 13일. 1920년 7월 26일. 1920년 7월 30일. 1920년 8월 9일. 1920년 8월 14일. 1920년 9월 3일. 1921년 2월 21일. 1921년 2월 28일. 1921년 3월 26일. 1921년 3월 28일. 1921년 4월 9일. 1921년 4월 11일. 1921년 4월 18일. 1921년 4월 27일. 1921년 5월 16일. 1921년 6월 28일. 1921년 7월 10일. 1921년 8월 25일. 1922년 3월 28일, 1922년 6월 8일. 1922년 6월 19일. 1922년 6월 20일. 1922년 7월 16일. 1922년 8월 21일. 1922년 10월 6일. 1922년 12월 29일. 1923년 2월 6일. 1923년 2월 10일. 1923년 7월 21일. 1923년 7월 27일. 1923년 7월 30일. 1923년 10월 7일. 1923년 10월 20일. 1923년 10월 27일. 1924년 2월 8일. 1924년 11월 27일. 1926년 9월 25일. 1926년 9월 30일. 1926년 11월 17일. 1926년 12월 3일. 1927년 10월 3일. 1927

년 11월 4일. 1928년 3월 5일. 1928년 4월 28일. 1928년 5월 3일. 1928년 10월 14일. 1929년 8월 2일. 1929년 10월 8일. 1931년 2월 10일. 1931년 2월 14일. 1931년 9월 7일. 1932년 2월 7일. 1932년 2월 21일. 1932년 2월 24일. 1932년 6월 17일. 1932년 8월 18일. 1932년 8월 21일. 1932년 10월 12일. 1933년 2월 5일. 1933년 9월 7일. 1933년 11월 28일. 1934년 3월 10일. 1934년 9월 5일. 1935년 1월 2일. 1938년 1월 28일.

『매일경제』, 1987년 9월 2일.

『매일신보』, 1917년 1월 1일. 1917년 1월 7일. 1933년 5월 30일.

『신한민보』, 1910년 6월29일.

『예수교 회보』, 1913년 6월 24일.

『조선일보』, 1927년 2월 11일. 1927년 2월 15일. 1927년 5월 19일. 1927년 6월 8일. 1931년 2월 6일. 1931년 2월 16일.

『황성신문』, 1910년 1월 9일.

부록

부록 1 안애리가 번역 및 창작한 찬송가사 목록

부록 2 강신명이 작곡 및 작사한 동요 목록

부록 3 박태준의 작품 중 가사가 바뀐 곡과 원곡의 비교표

부록 4 숭실학교 출신이 만든 작품 중 북한에서도 알려진 작품 목록

부록 악보

부록 목차

부록 1 안애리가 번역 및 창작한 찬송가사 목록[270)]

1) 『찬미가』에 수록된 가사

장수	찬송가 제목
29장	셰샹 다 어두워
31장	여러 일흠즁에
32장	예수를 ᄉᆞ랑ᄒᆞ고
33장	우리쥬 ᄂᆞ려왓ᄉᆞ니
40장	예수가 말ᄉᆞᆷᄒᆞ기를
41장	멀니멀니 갓더니
62장	예수 인도 ᄒᆞ쇼셔
63장	아모ᄃᆡ나 예수
74장	ᄯᅥ날거시 올셰다
80장	예수 언제 오실넌지

2) 『찬셩시』에 수록된 가사

장수	찬송가 제목
2장	ᄯᅩ ᄒᆞᆫ닐 헤날동안
3장	저의들이 눕기젼에
8장	예수 ᄉᆞ랑 ᄉᆞ심은
9장	예수씨여 목ᄌᆞᄀᆞᆺ치
10장	풍우대작 ᄒᆞᆯ ᄯᅢ와
12장	ᄯᅥ날거시 올시다
13장	녯적 님금 ᄯᅡ윗셩에

---

270) 조숙자의 「선교사 베어드(Annie L. A. Baird)의 한글 번역 찬송가」, 문옥배의 『한국 찬송가 100년사』, 김일심의 「내한(來韓) 여성선교사들의 음악활동에 관한 고찰-1945년 이전을 중심으로-」 등을 바탕으로 작성한 것이다.

장수	찬송가 제목
16장	날 위ᄒᆞ야 날 위ᄒᆞ야
17장	아바지여 이 죄인의
18장	예수의 이홈 권세여
26장	텬지간에 만물들아
27장	나도 내 십ᄌᆞ가 지고
34장	깃븐소ᄅᆡ 드르니
38장	온 셰샹 어두어
41장	멀니멀니 갓더니
42장	아해ᄀᆞᆺ치 슌ᄒᆞ고
44장	내 예수 ᄉᆞ랑ᄒᆞ고
45장	울어도 못ᄒᆞ네
46장	아모ᄃᆡ나 예수
47장	쥬ᄭᅴ셔 ᄂᆞ려 왓스니
49장	예수 언제 오실넌
50장	쥬 예수 말ᄉᆞᆷᄒᆞ기를
51장	들에 왕ᄅᆡᄒᆞᄂᆞᆫ ᄀᆡᆨ
53장	우리 다시 맛난볼 동안
56장	쥬의 십ᄌᆞ가 잇ᄂᆞᆫ
57장	예수ᄭᅴ셔 오실 ᄯᅢ에
58장	웬말인가 날 위ᄒᆞ
59장	데일됴흔 친구여
60장	텬당길을 ᄇᆞ리고
63장	찬미ᄒᆞ라 복주신 구셰쥬
75장	예수씨를 아ᄂᆞᆫ 이
76장	셩인들아 영화롭다
77장	귀ᄒᆞᆫ 씨를 심으려

장수	찬송가 제목
78장	새벽브터 우리 ᄉᆞ랑ᄒᆞ
79장	무덤에 머므러
80장	나ᄂᆞᆫ ᄒᆡᆼ인과 나그내니
99장	쥬여 복을 주옵쇼
100장	놉고 놉흔 하ᄂᆞᆯ 우헤
101장	도라와 도라와
102장	나 예수를 처음 밋ᄂᆞᆫ 날
103장	형뎨여 긔잇ᄉᆞᆯ ᄯᅢ
104장	듯ᄂᆞᆫ 사ᄅᆞᆷ이여 말ᄉᆞ
105장	내 ᄉᆡᆼ명을 가져서
106장	자비ᄒᆞ신 여호와
107장	하늘에 빗나고
108장	길 가도록 예수ᄭᅴ셔
109장	밋ᄂᆞᆫ ᄉᆞᄅᆞᆷ들아
114장	어ᄌᆞ러운 셰샹즁에
115장	쥬여 복을 밧ᄂᆞᆫ거
116장	온유ᄒᆞ신 예수여
117장	텬디에 잇는 일홈
118장	온유ᄒᆞ신 예수여
120장	거룩거룩 ᄒᆞ시도다
121장	쥬와 ᄀᆞᆺ치 되기를
132장	눌자리 없어셔

3) 『찬숑가』에 수록된 가사

장수	가사 첫줄
3장	이 텬디간 만물들아
15장	텬디에 있는 일홈중
24장	찬미하라 복주신 구세주
25장	구세쥬를 아는 이들
32장	예수의 일홈 권세여
43장	쥬여 복을 비옵나니
51장	놉고놉흔 하늘우에
54장	영화롭다 쥬를보라
57장	온 셰상이 어두어
60장	온유하신 예수여
61장	녯적님군 다윗셩에
64장	하늘에 빗나고
71장	그 어리신 예수
85장	무덤에 머물너
97장	어지러온 셰샹중에
99장	또한 닐헤날 동안
112장	텬당길을 바리고
113장	도라와 도라와
118장	듯는사람마다
122장	쥬여 복을 주시기를
131장	아바지여 이 죄인의
135장	인애하신 구세쥬여
139장	울어도 못하네
140장	깃븐소래 드르니
142장	웬말인가 날위하야

장수	가사 첫줄
146장	풍우대작 할때와
147장	쥬예수 말슴 드르니
174장	뎨일 됴흔 친구여
177장	쥬의 십자가 잇는데
178장	아모데나 예수 나를
179장	아헤갓치 순하고
181장	일홈들 가온데
182장	쥬와 갓치 되기를
183장	예수께로 가면
184장	날 위하야 날 위하야
188장	내 쥬되신 쥬를
190장	예수 사랑하심은
209장	역려과객 갓흔 내가
211장	나의 갈길 다 가도록
215장	내 생명을 드리니
216장	나는 십자가를 지고
224장	밋는사람들아 군병갓흐니
233장	귀한 씨를 심으랴고
234장	새벽부터 우리
236장	우리 다시 맛나볼 동안
251장	나는 길가는 나그내니
258장	예수께셔 오실때에

부록 2 강신명이 작곡 및 작사한 동요 목록

제 목	작사자	제 목	작사자
봄 마음	한정동	제비야	한정동
봄동산	노성일	봄은 오지요	노성일
봄날의 선물	김남주	종달새	정윤희
나비	윤복진	새벽종	윤복진
어여쁜 나비야	고탁구	한숨	고탁구
봄비	강소천	조선 어린이 노래	강승한
애기 일꾼	박소농	영치기 영차	바소농
봄바다(꽃바다)	강승한	보슬비	강소천
아빠 생각	창송	고향 생각	최수복
호박꽃 초롱	강소천	꽁꽁 숨어라	강소천
봉사꽃	강소천	따리아	강소천
갈바람 솔솔	목일신	발자국	윤복진
송아지 팔러 가는 집	윤복진	집 없는 새	윤복진
엄마 생각	윤선호	가을 밤	윤복진
오동나무 열매	강소천	눈 내리는 밤	강소천
한 말 한 글	조종현	고초장	신고송
자장가	최수복	새서방 새색씨	최수복
댕기	강승한	짝짜궁	윤석중
감사찬송	이성주	우리집 군악대	윤복진
아 좋을시고	강신명	우승가	강신명
유치원 원가	이응상(강신명 작요?)	우리아기 행진곡	윤석중
진달래	신고송	참새	윤복진
꽃초롱	홍월촌	등댓불	강승한
한송이월계	강소천	까치	윤영실
돌아라	우성익	자장노래	이광수
산골 총각의 노래	동화 '구월산호랑이' 중에서	봉사꽃	강소천
나무파는 날	박갑수		

부록 3 박태준의 작품 중 가사가 바뀐 곡과 원곡의 비교표

원곡명	작사자	바뀐곡명	개사자	장르
아! 가을인가	윤복진	오시나 봐	윤석중	가곡
그이 생각	윤복진	임 생각	윤석중	가곡
해지려는 저녁때	윤복진	추석	윤석중	가곡
낙엽	윤복진	첫겨울	윤석중	가곡
물새 발자옥	윤복진	물새알	윤석중	가곡
요-호	윤복진	야호	윤석중	가곡
마님과 머슴	윤복진	나물무치기	윤석중	가곡
갓모를 잇고	윤복진	백두산 하늘 못	윤석중	가곡
기러기	윤복진	가을밤	윤석중	동요
무궁화는 피고 피고	윤복진	우리나라 무궁 무궁	윤석중	동요
도라오는 배	윤복진	물새	윤석중	동요
송아지	윤복진	찢어진 연	윤석중	동요
고향하늘	윤복진	벼룻돌	윤석중	동요
누아야! 보슬보슬 봄비 나린다	윤복진	보슬비	윤석중	동요
오줌싸기 똥싸기	윤복진	우리나라 기	윤석중	동요
중중때때중	윤복진	꽃밭잔치	윤석중	동요
양양 범버궁	윤복진	멍멍꼬꼬댁	윤석중	동요
아침	신고송	아침 마을	윤석중	동요
잠자는 방아	신고송	꽃봉투	윤석중	동요
쪼각빗	신고송	조약돌	윤석중	동요

부록 4 숭실학교 출신이 만든 작품 중 북한에서도 알려진 작품 목록

1) 박태준 작품

곡이름	작사자	가사 첫줄
가을바람이지	윤복진	담우에 시들은 호박잎잡고
가을밤(기러기)	윤복진	울밑에 귀뚜라미 우는 달밤에
고추 먹고 맴맴	윤석중	아버지는 나귀타고 장에 가시고
고향하늘	윤복진	푸른 산 저 너머로 멀리 보이는
기차	이원우	강건너 산밑으로 기차가 가요
꼬부랑둔덕	서덕출	해가 불쑥 솟아 오는 저 건너 둔덕
꽃밭	장효섭	아침마다 방긋방긋 웃음을 우는
누나야 보슬보슬 봄비 내린다	윤복진	누나야 보슬보슬 봄비 내린다
눈 오는 아침	윤복진	지붕 우에 차눈이 함뿍 깔렸네
대낮에 생긴 일	윤석중	순사가 뛰여 온다 칼자루 잡고
돌아오는 배	윤복진	해 저무는 봄바다에
동무생각(사우)	이은상	봄의 교향악이 울려 퍼지는
등대	윤복진	먼 하늘에 붉은 노을이 사라지고
말탄놈도 꺼떡 소탄놈도 꺼떡	윤복진	북촌 북촌 나무장사 마음도 나빠
먼지내는 자동차	박태설	공장가신 언니의 밥곽가지고
물새발자욱	윤복진	해 저문 바다가에 물새발자욱
바다가에서	윤복진	바다가의 모래밭에 어여뿐 돌 주어보면
바람아 불지 말아	오석범	바람아 불지 말아 추은 바람아
밤 한톨 떽데굴	윤석중	떽데굴 굴러 나왔다
방울	미상	아버지 타고간 말목에는요
빨간비 파랑비	윤석중	이슬비 색시비 부끄럼쟁이

곡이름	작사자	가사 첫줄
새벽종	윤복진	새벽별들 반짝이는 이른 새벽에
송아지	윤복진	외양간 송아지 잔디밭 바라고
스무하루밤(월급타는 밤)	윤복진	스무하루 이 밤은 월급 타는 밤
슬픈 밤	서덕출외	오동나무 비바람에 잎 떠는 이 밤
씨 하나 묻고	윤복진	봉사나무 씨 하나 꽃반에 묻고
아침	신고송	장독 우에는 쌀알이 한줌
어깨동무	윤석중	달이 지면 해가 뜨고
어머니 가슴	박을송	어머니 가슴은 잠드는 가슴
영감영감 야 보소	윤복진	장훈멍훈 외막에서 장기 두는 걸
오뚜기	윤석중	책상 우의 오뚜기 우습고나야
오빠생각	최순애	뜸북 뜸북 뜸북새 논에서 울고
우승가	박태준	기쁜 노래 부르자 우리 동무야
잠자는 미륵님	윤복진	꼬불 꼬불 읍내가는 좁은 길가에
잠자는 방아	신고송	더운 날 점도록 보리를 찧고
저녁 종	윤복진	먼길에 저녁 종소리 숲새로 흘러온다
종달새	윤복진	보리밭에 종달새 봄이 왔다고
쪼각빗	신고송	한길가에 떨어진 쪼각빗 하나
참새	윤복진	담넘어집 봉사남께 참새 두마리
할머니 노래	윤복진	쭈글 쭈글 주름 잡힌 할머니 노래

2) 현제명 작품

곡이름	작사자	가사첫줄
가을	박남석	가을이라 가을 바람 솔솔 불어오니
고향생각	현제명	해는 저서 어두운데
귀뚜라미	김어초	살랑 살랑 바람부는 초가을 밤에
저녁놀	윤석중	딸랑 딸랑 딸랑 딸랑 딸랑 딸랑

3) 강신명 작품

곡이름	작사자	가사첫줄
가을밤	윤복진	선들선들 풀잎에 바람 불고
고향생각	최 북	내 고향하늘에 무지개 설 때
다리아	강소천	보슬비에 얼굴이 간즈럽다고
댕기	강승환	그네 뛰는 복순이 댕기는 훨훨 날으고요
물새발자욱	윤복진	해 저문 바다가에 물새발자욱
봄날의 선물	김남주	할미꽃 따가지고 화관이 하나
봄비	강소천	보슬보슬 봄비는 새파란 비지
봄은 오지요	허성일	뾰족뾰족 파라움 나오면은요
봉사꽃	강소천	해마다 여름되면 붉은꽃피여
송아지 팔러가는 집	윤복진	벌판에 누런벼 고개숙이고
새서방 새색시	리수복	까딱까딱 상투끝 애기새서방
엄마생각	윤선호	아버지가 신나라 멀고 먼 나라
우리집 군악대	윤복진	주먹나팔 뛰뛰뛰 미다지북이 둥둥둥
종달새	정윤태	조롱속에 귀여운 종달새는요
호박꽃초롱	강소천	호박꽃을 따서는 무얼만드나
꽁꽁숨어라	강소천	숨어라 숨어라 꽁꽁 숨어라
꽃초롱	홍월촌	풀밭우에 꽃초롱 이쁘신 초롱

4) 권태호 작품

곡이름	작사자	가사첫줄
기러기떼	홍란파	나무잎 우수수 서늘한 달 밤
내동생	미상	아가 아가 내동생아 울지말고
봄나들이	윤석중	나리나리 개나리 잎에따다 물고요
봄바람아 불어라	미상	봄바람아 불어라 어서불어라
조선의 아기	남궁랑	꽃피는 동산에 방방곡곡에

5) 박태현 작품

곡이름	작사자	가사첫줄
누가누가 잠자나	목일신	넓고 넓은 밤하늘엔 누가누가 잠자나

6) 김영환 작품

곡이름	작사자	가사첫줄
봄	도명진	겨울가고 봄이오니 가는 비는 솔솔솔
숨기내기	한정동	머리카락 보인다 꼭꼭 숨어라
시계	김귀주	시계 시계 령감님 대장간을 짓고서

7) 김형준 작품

곡이름	작곡자	가사첫줄
봉선화	홍난파	울밑에서 봉선화야 네 모양이 처량하다.

부록 악보 1

김인식 작사·작곡 〈학도가〉

학도 1

1절 : 학도야 학도야 저기 청산 바라보게/고목은 썩어지고 영목은 소생하네

2절 : 동반구 대한의 우리 소년 동포들아/놀기를 좋아말고 학교로 나가보세

3절 : 소년의 공부는 금은보석 쌓음이니/청년에 공부하여 앞길을 예비하세

4절 : 충군과 애국이 우리들의 의무로다/근실히 학업 닦아서 책임을 잃지마세

5절 : 영웅과 열사가 별사람 아니로다/정신 가다듬고 의기를 다 해보세

6절 : 윗동산 송죽도 그의 절개 불변커든/하물며 우리 인생 초목만 못 할소냐

7절 : 나라의 기초가 우리 소년 공부로다/열심을 다 드리고 국사를 도와보세

8절 : 태산이 높대도 하늘 아래 태산이로다/오르고 오르면 못 오를 이가 없네

9절 : 선인의 격언을 명심하여 잊지 마라/날마다 닦는 지식 태산과 일반일세

10절 : 학도야 학도야 우리 담임 지중하다/진진코 불이하여 목적을 달해보세

부록 악보 2

『보중친목회보』에 수록된 김인식 작사 〈애국가〉

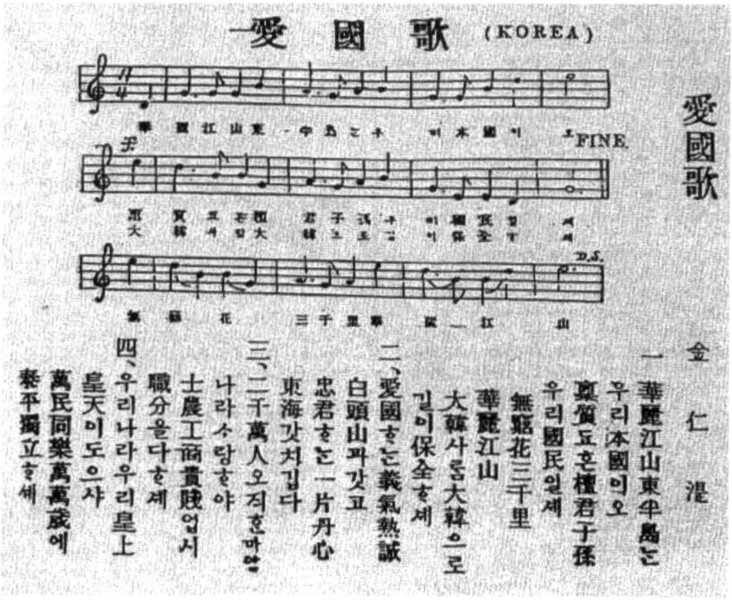

부록 악보 3

김인식 작사 〈애국가〉의 현대 악보

애국가

〈애국가〉(김인식 작사의 『보중친목회보』 본 현대어 가사)

1절 : 화려강산 동반도는 우리본국이오/품질 좋은 단군자손 우리국민일세

무궁화 삼천리 화려강산/대한사람 대한으로 길이 보전하세

2절 : 애국하는 의기열성 백두산과 같고/충군하는 일편단심 동해같이 깊다

무궁화 삼천리 화려강산/대한사람 대한으로 길이 보전하세

3절 : 이천만인 오직 한 마음 나라 사랑하여/사농공상 귀천없이 직분을 다하세

무궁화 삼천리 화려강산/대한사람 대한으로 길이 보전하세

4절 : 우리나라 우리황제 황천이 도으사/만민동락 만만세에 태평 독립하세

무궁화 삼천리 화려강산/대한사람 대한으로 길이 보전하세

부록 악보 4

안애리가 작사한 찬송가 1 (『찬숑가』에 수록된 악보)

〈예수인도하소서〉

뎨이ᄇᆡᆨ십이

나를인도ᄒᆞ심 어ᄇᆡᆨ삼십륙

一
예수인도ᄒᆞ쇼셔
어둡고길모로니
어ᄃᆡ가야됴흘지
나를인도ᄒᆞ쇼셔
어ᄃᆡ가야됴흘지
나를인도ᄒᆞ쇼셔

二
ᄀᆞᄅᆞ쳐주옵쇼셔
아모것도모로고
미련ᄒᆞ고둔ᄒᆞ니
ᄀᆞᄅᆞ쳐주옵쇼셔
미련ᄒᆞ고둔ᄒᆞ니
ᄀᆞᄅᆞ쳐주옵쇼셔

三
나를도아주쇼셔
아기ᄀᆞᆺ치어리고
힘도업고약ᄒᆞ니
나를도아주쇼셔
힘도업고약ᄒᆞ니
나를도아주쇼셔

四
위로ᄒᆞᆷ을빕ᄂᆡ다
부모죽은ᄋᆞᄒᆡ가
의지업ᄉᆞᆷᄀᆞᆺᄒᆞ니
위로ᄒᆞᆷ을빕ᄂᆡ다
의지업ᄉᆞᆷᄀᆞᆺᄒᆞ니
위로ᄒᆞᆷ을빕ᄂᆡ다

부록 악보 5

안애리가 작사한 찬송가 2 (『찬송가』에 수록된 악보)

〈멀리 멀리 갔더니〉

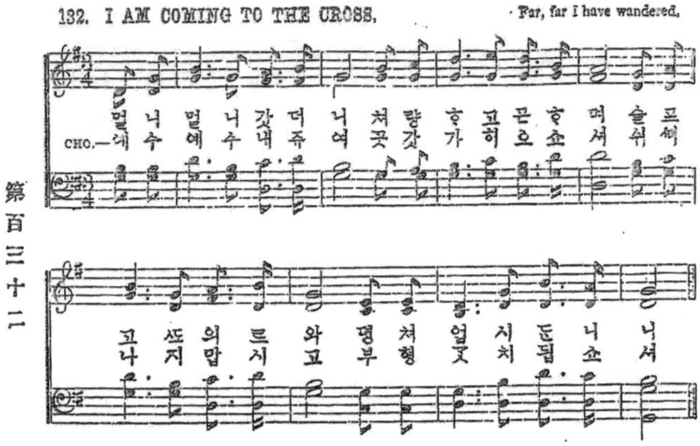

뎨일빅삼십이

멀니떠난쟈의
도라옴

一 멀니멀니갓더니
쳐량ᄒᆞ고곤ᄒᆞ며
슬프고또외로와
뎡쳐업시둔니니

예수예수내쥬여
곳갓가히오셔셔
쉬떠나지맙시고
부형ᄀᆞᆺ치됩쇼셔

二 예수예수내쥬여
셥셥ᄒᆞ여울때에
눈물씨셔주시고
날반갑게ᄒᆞᆸ쇼셔

三 둔니다가쉬일때
갑갑ᄒᆞᆫ곳맛나도
홀노잇게맙시고
기리보호ᄒᆞᆸ쇼셔

일빅ᄉᆞ십일

부록 악보 6

김형준 작사·홍난파 작곡의 〈봉선화〉 발표 당시의 악보

부록 악보 7

안창호 작사·이성식 작곡 〈학도야〉

Word by AHN CHANG HO
Music by LEE SUNGSIK

부록 악보 8

김동진 작곡의 가곡 〈봄이 오면〉

봄이 오면

부록 악보 9

김세형 작곡의 가곡 〈야상〉

부록 악보 10

말스베리 작곡의 창작동요 〈예수같이 되기 원해〉(구악보 및 현대악보)

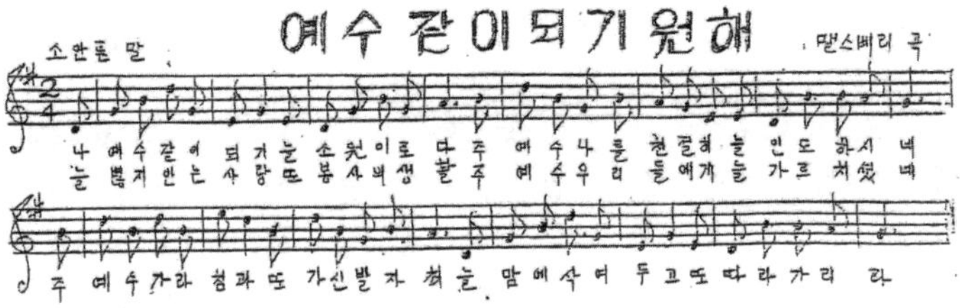

예수같이 되기 원해

부록 악보 11

박경호 작곡의 아동찬송가 〈조선의 꽃〉

조 선 의 꽃

一、조선은우리가자라는꼿
아침해밝아서조선이라네
동무야우리는조선의꽃
이대로나가면하늘꽃되리

二、부르기좋아라조선이오
뜻은더귀하네아침이라서

三、향내를펼치세이강산에
하늘서주님은나려다보네

四、우리는두손에복음듣고
주님만따라서나아가리라。

부록 악보 12

이두산 작사·작곡의 광복군가 〈광복군 행진곡〉

광복군 행진곡

부록 악보 13

북한 악보집에 수록된 박태준 작곡의 동요 〈가을밤(기러기)〉

가 을 밤

작사 윤복진
작곡 박태준

좀 천천히

2. 오동잎이 우수수 지는 달밤에
아들 찾는 기러기 날아갑니다
엄마엄마 울고간 잠든 하늘로
기럭기럭 찾으며 흘러갑니다

부록 악보 14

북한 악보집에 수록된 박태준 작곡의 동요 〈오빠생각〉

오빠생각(뜸북새)

2. 기럭기럭 기러기 북에서 오고
귀뚤귀뚤 귀뚜라미 슬피 울건만
서울 가신 오빠는 소식이 없고
나무잎만 우수수 떨어집니다

주체18(1929)년 9월

부록 악보 15

북한 악보집에 수록된 박태준 작곡의 가곡 〈동무생각〉

부록 악보 16

북한 악보집에 수록된 현제명 작곡의 동요 〈가을〉

가 을

2. 가을이라 가을바람 솔솔 불어오니
붉게 물든 단풍잎은 떨어집니다
추운 겨울 지나가고 봄이 다시 오면
파릇파릇 새옷 입고 다시 만나요

부록 악보 17

북한 악보집에 수록된 현제명 작곡의 가곡 〈고향생각〉

고향생각

작사 미 상
작곡 현재명

2. 고향하늘 쳐다보니 별떨기만 반짝거려
마음없는 별을 보고 말 전해 무엇하랴
저 달도 서쪽산을 다 넘어가건만
단잠 못이뤄 애를 쓰니 이 밤을 어찌해

부록 악보 18

북한 악보집에 수록된 강신명 작곡의 동요 〈새서방 새색씨〉

2. 장독같은 새색시 늙은 새색시
가마 타고 눈감고 시집가누나
우리우리 다같이 놀리여줄가
그래그래 그러자 놀리여주자
새색시 맥씨 맹맥씨 언덕아래 그럭씨
새색시 맥씨 맹맥씨 언덕아래 그럭씨

부록 악보 19

북한 악보집에 수록된 권태호 작곡의 동요 〈봄나들이〉

봄나들이

2. 엄마엄마 따라서 아장아장 걸어서
병아리떼 종종종 봄나들이 갑니다

부록 악보 20

북한 악보집에 수록된 박태현 작곡의 동요 〈누가 누가 잠자나〉

누가누가 잠자나

작사 목일신
작곡 박태현

2. 깊고깊은 숲속에선 누가누가 잠자나
산새들새 모여앉아 꼬박꼬박 잠자지

3. 포근포근 엄마품엔 누가누가 잠자나
우리 아기 예쁜 아기 새근새근 잠자지

북한 악보집에 수록된 김형준 작사·홍난파 작곡의 가곡 〈봉선화〉

봉 선 화

작사 김형준
작곡 홍란파

2. 어언간에 여름가고 가을바람 솔솔 불어
아름다운 꽃송이를 모질게도 침노하니
락화로다 늙어졌다 네 모양이 처량하다

3. 북풍설한 찬바람에 네 형체가 없어져도
평화로운 꿈을 꾸는 너의 혼은 예 있으니
화창스런 봄바람에 환생키를 바라노라

주체9(1920)년

숭실과 한국의 근대음악

초판 발행일 2017년 4월 30일

저 자 민경찬
발행인 황준성
발행처 숭실대학교 출판국
등 록 제14-2호(1982. 1. 25)
서울 동작구 상도로 369
전 화 02-820-0772
팩 스 02-817-5297
홈페이지 http://press.ssu.ac.kr
디자인·인쇄처 디자인 그린비(02-2275-5756)
값 12,000원

ISBN 978-89-7450-369-7 04230